# Herberts Geist

Daniel Otero,
aus dem Spanischen
übersetzt von Anette Ende

Daniel Otero
aus dem Spanischen übersetzt von
Anette Ende

# Herberts Geist

## Netzwerk der Kriegsverbrecher
## Die wahre Geschichte von Odessa

Biografie

DeBehr

Herausgeber: Verlag DeBehr, Radeberg
Erstauflage: 2021
ISBN: 9783957538970

Odessa? Was ist Odessa? Ein Buch, ein
Film, weiter nichts.
Hören Sie auf zu fantasieren ...

*Walter Kutschmann, NS-Kriegsverbrecher*
*(Gente, 1975)*

# Inhaltsverzeichnis

1. Der Mann .................................................9
2. Die Tour .................................................35
3. Die Organisation .......................................53
4. Die Familie................................................84
5. Südamerika................................................96
6. Die Zeugin................................................137
7. Der Komplize............................................162
8. Schluss ....................................................192
Fotos & Dokumente....................................200

# 1. Der Mann

Das waren die Tatsachen:

Vor mehr als zehn Jahren rief er an und sagte, er habe etwas mitzuteilen. Es war die Stimme eines älteren Mannes mit ausländischem Akzent. Er konnte Russe, Pole oder Deutscher gewesen sein. Er nahm das Thema vorweg und stellte eine Bedingung. Er würde nur von Angesicht zu Angesicht reden.

Drei Tage später legte er in einer von einem Freund zur Verfügung gestellten Wohnung die schwarze Aktentasche auf den Tisch. Er fragte nach einem Aschenbecher, einem Glas Wasser und trank es mit einem Schluck aus.

– Mein Name ist Herbert Bittner – sagte er –. Ich bin 65 Jahre alt und deutscher Staatsbürger.

Er zündete sich eine Philip Morris an, blies den Rauch in die Luft, und fuhr fort.

– Ich habe als Agent einer Organisation ehemaliger Führer des Dritten Reichs die Welt bereist. Ihr Name ist ein anderer, aber die Feinde nennen sie Odessa.

Das Echo jedes Wortes schwebte wie eine vergiftete Feder in der Luft.

– Wozu reisten Sie?

– Ich war Kurier. Ich habe Pässe transportiert, Umschläge und Aktentaschen mit Geld, chemische Formeln, Pläne, was auch immer. Jede Reise war ein Auftrag.

Das Geständnis klang absurd. Obwohl die Organisation existierte, und darüber gibt es keinen Zweifel, konnte bislang niemand die Existenz eines Nazinetzwerks belegen. Erst recht nicht seinen Namen.

– Warum erzählen Sie mir das?

– Ich möchte, dass Sie ein Buch über meine Geschichte schreiben.

Er setzte sich auf den Stuhl und wartete auf eine Reaktion.

– Woher haben Sie meine Telefonnummer?

– Ein Bekannter von Ihnen gab sie mir.

– Wer?

– Ich versprach ihm, es nicht zu sagen.

Grünes Karo-Hemd, braune Hose, frisch polierte Leder-Mokassins.

– Welchen Beweis gibt es für die Dinge, die Sie sagen?

– Schauen Sie, es ist keine Organisation, die Arbeitszeugnisse ausgestellt hat. Ich spreche von Menschen mit falschen Namen und Gesichtern, die man vergisst.

Er hatte die Hände eines Maurers: einen Fingernagel mit Bluterguss, eine frische Wunde, altes Nikotin.

– Dann können Sie sich auch nicht ausweisen, wer Sie sind?

Er zog einen Personalausweis aus der Tasche, und legte ihn offen auf den Tisch. Er war der Mann auf dem Foto: Anzug und Krawatte, halbes Profil, vierzig Jahre alt.

– Können Sie eine Kopie davon machen?

– Natürlich.

ID für Ausländer 92.493.769. Name Herbert Bittner, geboren am 27. Juli 1934 in Cuxhaven, Deutschland. Er reiste am 5. November 1967 nach Argentinien ein und ließ sich 1982 dort nieder.

– Was haben Sie in Argentinien gemacht?

– Ich war eine ganz gewöhnliche Person. Ich habe als Maler gearbeitet, Häuser renoviert, als Taxifahrer gearbeitet, und jetzt verkaufe ich medizinische Heilkräuter.

Bittner gab das Profil eines Verrückten ab, der mit einer unglaubwürdigen Geschichte im Schlepptau durchs Leben rollte. Aber er ragte mit einer Tugend heraus: Er sprach mit einer Überzeugung, die die Wände zum Knacken brachte.

– Was verkaufen Sie?

– Kräuter.

– Eine ruhige Arbeit.

– Ja, aber das war nicht immer so. Ich habe einige Verbrechen begangen und Kriegsverbrechern geholfen.

– Wem?

– Ich werde dir die Namen geben, wenn du das Buch schreibst.

Die ihm von einem Freund zur Verfügung gestellte Wohnung war schon zur Vermietung an einen Makler übergeben; sie stand leer; ein anonymer Ort mit geringem Risiko, im ersten Stock des Wohnhauses an der Straßenecke Suipacha und Tucumán, ohne Klimaanlage oder Ventilator. Der Straßenlärm drang durchs Fenster, beim Schließen wurde die heiße Luft unausstehlich, weil sie sich mit dem Rauch vermischte. Ein Tisch, ein paar Stühle, zum Anlass gekaufte Plastikgläser, ein nicht angeschlossener Kühlschrank.

Bittner sah das Kabel am Gasschlüssel hängen.

– Gibt es Bier?

– Nein, es gibt Wasser.

Er war klein, hatte Normalgewicht und eine sportliche Figur. Ein blonder Mann mit breiter Stirn und feinen Lippen. Kantiges Gesicht, deutsche Gesichtszüge: Ein Äußeres, das seine Herkunft offenbarte.

– Ich bringe dir etwas ganz Besonderes, mein Lieber.

– Bis jetzt hat er noch nichts gezeigt.

– Willst du einen Namen haben? Er wischte sich die Stirn hastig ab.

– Ich will alle Namen.

– Walter Kutschmann, sagt dir der Name was?

– Etwas, was hatte er mit Ihnen zu tun?

– Ich habe ihn zur Deutschen Transatlantischen Bank gebracht.

– Diesen Satz ließ er wie ein Rätsel stehen.

– Wie heißt die Organisation?

Er buchstabierte ein Wort, das entweder eine Abkürzung oder ein Akronym gewesen ist, denn Odessa beziehungsweise HIAG diente letzten Endes gleichfalls als Hilfsorganisation für Offiziere des Dritten Reichs.

Er sprach eine germanische Gaunersprache. Er verwechselte verbale Modi und Zeiten, erfand Wörter. In seiner Sprache bedeutete kilomera – Kilometer, Syrien nannte er Suria und Taicuana – Talcahuano, depois sollte später und manoletra – Manuskript heißen.

– Wie schreibt man das?

– Giag.

– Mit ge?

– Wiesenthal nannte sie Odessa, aber für ihn sind die Nazis ein Geschäft und er redet Blödsinn.

Simón Wiesenthal war ein Nazijäger. Er überlebte in den Konzentrationslagern und gründete in Österreich eine Organisation, die seinen Namen trug. Er recherchierte über Fluchtrouten von Kriegsverbrechern. Er erhielt Unterstützung von Nachrichtendiensten und je nach

Verbrechen variierte sein Ziel zwischen: Die Nazis entweder vor Gericht zu bringen oder sein Wissen über sie preiszugeben. In Argentinien wurde er für das Aufspüren, unter anderem von Adolf Eichmann, Josef Schwammberger und Walter Kutschmann, geschätzt. Während der Nürnberger Prozesse hörte er die Aussage eines Zeugen namens Hans. Hans war jemand, der zum ersten Mal über das Netzwerk von Nazi-Unterstützern namens Odessa sprach.

– Wiesenthal brachte ein paar dieser NS-Flüchtlinge ins Gefängnis, ist das für Sie Blödsinn?

– Ich weiß, dass es frei herumlaufende Kriminelle gibt. Das ist richtig, Sie haben recht. Aber Odessa hatte niemals vor, ein Viertes Reich zu gründen. Das zu behaupten, ist eine Idiotie. Giag ist keine Propaganda-Organisation oder eine aggressive Organisation, wie er sagt, sie ist unauffällig, sie hilft lediglich.

– Helfen? Wem denn?

– Menschen mit Problemen.

– Welchen Menschen?

– Gut, das kannst du dir vorstellen. Sie hilft Nazis, die in Südamerika unter falschem Namen leben.

Er sprach aus dem Inneren des Monsters, wie es zuvor kein anderer getan hatte. Aber damit es Sinn machte, musste er zuerst die Existenz des Monsters nachweisen.

– Die Geschichte ist gut, aber ein journalistisches Buch erfordert Beweise.

Er öffnete die Aktentasche und nahm ein Bündel Papier mit Presseberichten, Fotos, Dokumenten mit Signaturen und offiziellen Briefmarken heraus. Er ließ eine Fotokopie auf dem Tisch und behielt den Rest. Er ging zum Fenster.

– Lies, hier hast du's.

Am unteren rechten Rand befand sich ein handschriftliches Datum: 20. Juli 1967. Unten in gedruckten Buchstaben – der Name der Veröffentlichung, Revista Ercilla. Das war eine Pressemitteilung mit wirkungsvoller Überschrift: Ich bin einer der guten Nazis.

– Was ist das?

– Das Interview, das mit mir in Chile geführt wurde, mein Lieber. Lies es in Ruhe.

Die Veröffentlichung zeigte ein Foto von einem fünfzehn Jahre jüngeren Bittner als das auf dem vorgelegten Bild des Personalausweises, auf dem er dreißig Jahre jünger war als jetzt. Sein Aussehen im dunklen Anzug und dem zurückgekämmten Haar stand im Kontrast zur Geste: Die Zunge guckte aus der Mundseite heraus.

– Was bedeutet „Einer der guten Nazis?“

– Nichts, das war von der Presse. Ich bin kein Nazi.

– Nicht?

– Nein.

– Aber Sie haben ihnen geholfen?

– Das war eine Arbeit.

– Wer hat Sie interviewt?

– Eine jüdische Frau. Mit Nachnamen Vexler, sie war die Chefin der Zeitschrift und hatte Kontakt zu den Geheimdiensten.

– Woher wissen Sie das?

– Sie sagte es mir. Sie hat mich ihnen ausgeliefert.

Er wurde als kleiner blonder Mann mit einer Wunde auf der Stirn beschrieben. Die Fragen waren auf Deutsch und er antwortete ohne Widersprüche. Sein Pass ergab eine Überraschung: „Er war voller Visa aus der ganzen Welt – schrieb jemand in Ercilla – , inklusive Israel."

– Und, mein Lieber, schreibst du das Buch oder nicht?

Er schaute aus dem Fenster mit der elektrisierenden Angst eines Gebrauchtwagenhändlers. Diesen Blick setzte er immer bei der gleichen Frage auf: Wo ist die Falle?

– Ich habe ein paar Fotos unter den Papieren gesehen. Darf ich die sehen?

Es waren drei Aufnahmen in einer hochempfindlichen Ilford HP3 Rolle: einmal die bereits veröffentlichte, eine so ähnliche, aber mit Weitwinkel aufgenommen, und die dritte mit der vorderen Profil-Hälfte. Auf der Rückseite des Fotos war ein Stempel; Foto Torrente. Revista Ercilla. 20 JUL 1967. Santiago.

– Was haben Sie in Chile gemacht?

– Die Organisation hatte mich dorthin geschickt – sagte er trocken.

– Wozu denn? Oder wollen Sie mir das nicht sagen?

Bittners Muskeln zeigten an, was gerade in seinem Innersten vorging. Sie traten deutlich hervor. Er war schlecht gelaunt.

– Die chilenische Nazi-Partei – so sagte er – wurde von einem verrücken, schwerreichen Nordamerikaner finanziert.

Er nannte den Namen. George Lincoln Rockwell aus Illinois, Millionär und ehemaliger

Seefahrer. Ein Bewunderer von Hitler und dem Ku Klux Klan. 1959 gründete er die Nordamerikanische Nazi-Partei. Er finanzierte das Partei-Netzwerk, wie er sagte, aus eigener Tasche.

Manchmal war er die Marionette irgendeines Nachrichtendienstes.

– Die Chefs der Organisation befahlen mir, bei den chilenischen Nazis einzudringen. Ein Minister stellte sich dagegen und es gab Probleme. Und so beschlossen die Organisationschefs, dass ich mich zurückziehe.

Je interessanter die Geschichte wurde, umso unplausibler erschien sie mir. Sie klang wie ein Märchen über eine verwirrte Frucht eines unbekannten Mannes, der aus unbekannten Gründen motiviert war. Sein Profil jedoch entsprach nicht dem eines klassischen Geschichtenerzählers. Weder Napoleons Geist hatte ihn in Vollmondnächten aufgesucht, noch hatte Hitler ihn auserwählt, Botschaften aus den Bergen Cordobas zu verbreiten.
Es gab noch etwas anderes: Er verlangte im Gegenzug nichts. Also, wenn er kein Verrückter war, aus welchem Grund sollte er dann eine Fantasiegeschichte auftischen?

Er ging vom Fenster bis zur Spüle. Er goss sich Wasser ein und trank. Er machte eine Grimasse des Ekels und trocknete sich den Mund mit der Hand ab.

– Ich habe einen Pakt mit meinem Kontaktmann in der Organisation geschlossen – sagte er. Er gab mir dreitausend Dollar und einen neuen Pass. Er bezahlte den Reiseführer und die Maultiere und ich überquerte zusammen mit meiner chilenischen Freundin das Andengebirge.

– Entschuldigung, Sie sagen, Sie haben das Gebirge zu Fuß überquert?

– Ja, ich war ein Flüchtling und ich reiste nach Argentinien über die Schmugglerroute ein. Die Organisation zahlte alles, im Gegenzug musste ich schweigen.

– Das verstehe ich nicht.

– Was verstehen Sie nicht? Ich versprach mir zu schweigen und das Leben irgendeines Deutschen zu führen.

– Und der Pakt, wie sah der aus?

– Dreißig Jahre Schweigen – er legte die Hände auf den Tisch und starrte vor sich hin – . Deshalb bin ich hier, mein Lieber, die Frist wurde erfüllt und ich kann jetzt reden.

Er sprach am Fenster, mit dem Rücken zu mir. Er schaute auf die Straße. Auf der anderen Seite gab es wenig zu sehen. Schmutzige Fassaden von gleich aussehenden Gebäuden, geschwärzter Kunststoff an den Jalousien, undichte Stellen in den Klimaanlagen.

– Ganz in der Nähe von hier war das Büro von meinem Kontaktmann. Ich lernte ihn kennen, als ich das erste Mal in Buenos Aires war. Ich war noch sehr jung.

– Wann war das?

– 1966.

– Ich war 32 Jahre alt.

– Wie sind Sie hierhergekommen?

– Ich war auf der Durchreise.

Er diktierte ein Telegramm. Lehrgang in Nürnberg. Abreise nach Südamerika, erster Zwischenstopp Brasilien. In Rio Grande do Sul suchte er nach einem Verräter.

– Ich stahl seinen Pass und schickte einen Bericht nach Deutschland. Für mich war er ein kommunistischer Spion.

Flucht nach Montevideo und Warten auf Befehle, die ihn nach Chile bringen sollten. Den Rest behielt er für sich.

– Gab es Leute aus der Organisation in Buenos Aires?

– Selbstverständlich, mein Lieber, Odessa hatte Menschen in der ganzen Welt – er antwortete als sei die Frage ein Hirngespinst. Ich hatte Aufträge in Pakistan, in der Türkei, in Syrien, in Russland, und immer empfingen mich Menschen aus der Organisation.

Mitten im Gespräch konnte ich nicht glauben, was ich hörte. In den siebziger Jahren war Odessa das Thema eines Romans und eines Film-Thrillers – Odessa File –, und ich hatte

mich gefragt, inwieweit es sich dabei um die Realität handelte. Es war einfacher, die Existenz Gottes zu beweisen als die von Odessa. Sie war viel mehr als eine Organisation, sie war ein Wesen. Schlimmer als böse. Sie hatte das Profil des Widersachers in einem Comic, vom Typ Chaos gegen Kontrolle. Die Al Qaida des Kalten Krieges. Ein Mehrzweck-Platzhalter der Geheimdienste. Odessa war zu allem fähig, nur nicht dazu, den Nachweis ihrer Existenz zu beweisen.
Ein Mann versicherte, einer ihrer Agenten gewesen zu sein, und ein anderer, nämlich ich, hörte ihm aufmerksam zu. Für mich war das absurd, für ihn war es indiskutabel.

– Wer war der Kontaktmann der Organisation in Buenos Aires?

Er sprach einen unverständlichen Nachnamen aus. Er buchstabierte und ich schrieb ihn auf: Haller.

– Du kannst dir vorstellen, dass dieser Nachname falsch ist.

– Und der richtige?

– Das wird man nie wissen.

– Wo hatte er sein Büro?

Er schlug auf sein Bein. Er schloss das Fenster und drehte sich um.

– Corrientes 1291, 2. Stock.

Zum ersten Mal rutschte ihm eine genaue Information raus.

– Weißt du nicht, wer in diesem Büro war?

– Nein.

– Klemm …

Er sprach den Namen so verlockend aus, wie ein Kokaindealer die erste Line anbietet.

– Klemm?

– Du weißt, von wem ich spreche, oder?

– Federico Klemm. Wie alt war er?

– Nein, das ist der Dumme. Haller teilte das Büro mit dem Vater.

Einhändig öffnete er den Kühlschrank mit Gewalt. Er war leer, ein penetranter, ranziger Geruch trat hervor.

– Wie können Sie ohne Bier leben?

– Übertreiben Sie nicht, das Leben dauert länger als einen Nachmittag.

– Kann es sein, dass Sie gar kein Deutscher sind?

Er schnappte sich die Aktentasche. Ich dachte, er würde gehen; dass er die Fragen satt hatte; dass er nicht das fand, was er suchte, kein Buch, kein Bier. Meinetwegen soll er abhauen.

Ich dachte an Klemm. Einziger Sohn mit tschechischer Mutter und deutschem Vater. Ein Exzentriker und Provokateur. Künstler. Mediencharakter der neunziger Jahre. Millionär, ein großer Millionär. Pizza, Champagner und Schirmherrschaft. In der Presse kursieren Gerüchte über eine familiäre Nazivergangenheit, jedoch ohne Beweis.

– Gehörte Klemms Vater zur Organisation?

– Das hat mir niemand gesagt – er schaute in die Aktentasche – , aber ich weiß, dass Haller das Büro mit ihm teilte und sie waren Geschäftspartner, allerdings handelte es sich um jene Partnerschaften, wo der eine in der Öffentlichkeit auftritt und der andere alles finanziert, und ansonsten jeder seinen eigenen Weg geht. Aber pass auf – er hob seinen Blick – , Hallers Geld könnte von der Organisation gewesen sein …

Er war schnell. Las Gedanken, beantwortete unausgesprochene Fragen.

– Freu dich nicht zu früh. Haller ist tot.

– Wie war er?

– Ein nichtssagender Mensch.

– Mehr nicht?

– Mehr nicht, ohne Familie, ohne ein Zuhause. Ein hoher SS-Offizier, der auf keiner Liste auftauchte.

Die Waffen-SS oder die sogenannte Schutzstaffel war eine politisch-militärische Organisation, die 1925 gegründete wurde, um den Führer Adolf Hitler zu schützen. Sie war für den Betrieb der Konzentrationslager verantwortlich, in den Nürnberger Prozessen wurde sie wegen Menschenrechtsverletzungen angeklagt.

– Wozu haben Sie sich mit ihm getroffen?

– Ich überreichte ihm Dokumente, mein Lieber, das war meine Arbeit als Kurier.

Er zählte die Zigaretten, als ob er ein Gänseblümchen entblättert. Ich bleibe, ich gehe.

– Federico Klemm weiß von all dem was?

Er brüllte vor Lachen.

– Was ist los?

Er hustete, als würde er ersticken.

– Nein, der Dumme weiß nichts von den Geschäften der Organisation.

– Warum nennen Sie ihn dumm?

– Sein Vater nannte ihn so.

Er ging mit der Zigarettenschachtel bis zur Tür und trug dabei die Aktentasche in der Hand. Kriegerischer Stolz beim Gehen.

– Verlier nicht noch mehr Zeit, mein Lieber, wenn du die Geschichte nicht schreibst, sag es sofort.

Er war ein mürrischer Deutscher, ohne Mittelmaß. Nimm ihn auf oder lass ihn gehen. Gleich oder niemals. Ausdrucksstark. Er riss seine Augen auf wie einen hungrigen Mund, der die Welt essen will.

– Meine Geschichte kennt niemand, mein Lieber. Sie wird sich in Europa wie warme Semmeln verkaufen. Verstehst du?

Ein Grenzgänger, ein Vorstadt-Schurke, der sogar unter Wasser rauchen könnte.

Stellen Sie sich die harte Stimme eines Einwohners von Buenos Aires vor, der sagt:

– Komm mir nicht mit so einem Unsinn, mein Lieber.

Stellen Sie sich vor, wie das für mich klang, wenn Bittner das auf Deutsch sagte:

– Für mich nicht mir ist solchen Unsinn, lieber.

So sprach und so war Bittner: ein mysteriöser Typ, der bei jedem zehnten Wort hustete. Und der eine fantastische Geschichte in einer unverständlichen Sprache erzählte.

Eine gute Geschichte, und wenn sie wahr ist, noch besser ist. Die von Bittner war die Ausnahme der Regel: Sie war so gut, dass sie nicht wahr sein konnte. Seitdem lag die Herausforderung nicht mehr darin, die Wahrheit der Tatsachen zu beweisen, sondern die Unwahrheit seiner Aussagen zu belegen.

Er war die Hauptfigur. Aber die eigentliche Geschichte sollte noch herausgefunden werden. War es die eines unwahrscheinlichen Kamikaze des Kalten Krieges, der in Buenos Aires verloren gegangen war oder die, einen womöglich großartigen geistesgestörten Lügner zu Fall zu bringen. Die Antwort lag in der

Person, die hinter der Hauptfigur steckte.

Es war die Suche nach der Menschlichkeit in einem Fremden.

Wir schlossen einen Pakt. Für den Fall, dass sich die Fakten beweisen lassen, wird die Geschichte geschrieben. Seine Stimme blieb auf vier Kassetten während fünf Sitzungen im November 1999 aufgezeichnet.

– Wozu möchten Sie ein Buch über Ihre Geschichte haben?

Er schlug auf den Tisch mit der Wut eines brutalen Mannes.

– Geld, mein Lieber, ich will die Hälfte vom Gewinn.

Er schlug eine Partnerschaft vor: 50/50.

Gegenseitiges Misstrauen vereinte uns. Er behielt die Informationen, weil ich nicht versprach, das Buch zu schreiben. Ich versprach nicht das Buch zu schreiben, weil er die Informationen nicht preisgab. Wir waren wie Hunde, die ihre Schwänze spulten.

Das letzte Mal, als ich ihn sah, war er noch mysteriöser als sonst. Aus seiner Aktentasche zog er die Eintrittskarte eines Basketball-Spiels. Es sollte 1974 im Philadelfias stattfinden. Er durchschnitt es in zwei Teile.

– Wenn ich nicht mit den Beweisen meiner Geschichte zurückkomme, wird jemand zu Ihnen kommen und Sie werden in der Lage sein, ihn zu identifizieren.

Er gab mir die eine Hälfte. Grüner Karton, mit der Serien-Nummer 04195.

– Was ist das?

– Ein Identitätsnachweis.

Er kündigte eine Reise an. Jemand hatte die Papiere, die die Geschichte beweisen konnten. Sie lagen in der Schweiz und er wird dorthin reisen. Er konnte mit wenig Geld reisen, er schlief in Zügen, er hatte etwas, was er den Europäern verkaufen konnte.

– Bis Sie eine Nachricht von mir bekommen, schreiben Sie nichts über das, was ich erzählt habe.

Er ging, ohne eine Adresse oder eine Telefonnummer zu hinterlassen.

– Bleib ruhig, mein Lieber, du musst warten.

– Wie lange?

Er dachte nach.

– Zehn Jahre.

Er stand auf, streckte seine Hand distanziert und förmlich aus wie ein Deutscher zu Zeiten des Krieges, er sagte weiter nichts. Er nahm seine Sachen und ging.

## 2. Die Tour

Die Cassetten schliefen beschriftet in der Bibliothek. Niemand hatte sich mit einem Identitätsnachweis vorgestellt und die Geschichte war auf dem Weg, ins Vergessen zu geraten. Ich fertigte eine digitale Kopie von ihnen an. Bittners Geschichte dauert zweihundertdreißig Minuten und dreiundsiebzig Sekunden. Sie umfasst fünfhundertdreißig Megabyte, aufgeteilt in acht Mp3-Dateien. Das gesamte Leben eines Deutschen, der in der Lage war, in ein Leben einzubrechen und spurlos zu verschwinden – auf einer CD. Die Archivnummer eins beginnt so:

Ich fange an, es dir zu erzählen, in meiner Erinnerung begann alles an dem Tag, als Deutschland in Polen einmarschierte. Es war der 1. September 1939, ein sonniger Herbsttag. Der Radiosprecher schrie: "Deutschland kämpft." Ich lebte bei meiner Oma Babette in einem Münchener Stadtviertel für Staatsangestellte. Dreistöckige Häuser, die alle gleich aussahen, mit Gärten drumherum. Meine Oma hatte eine Stelle als Telegraphenleiterin bei der Post gehabt. Sie kam mittags von der Arbeit nach Hause, mit einem Helm auf dem Kopf und einem geschenkten Holzgewehr in der Hand. Damals waren die Menschen ein bisschen verrückt.

Nachmittags gingen wir meinen Onkel Andreas besuchen, der mit Nachnamen Baumgartner hieß. Man wird nie so genau wissen, wer er war. Er gehörte zum Geheimdienst der Politischen Polizei. Er hatte viele Namen und verschwand wochenlang. Er war für die Sicherheit der Parteibonzen zuständig.
Er hatte Fotos, auf denen er neben Hitler stand. Mein Cousin, der Sohn von Andreas, hieß Alois, ich kann mich nicht an ihn erinnern. Er zog in den Krieg, zusammen mit einem Freund aus seiner Kindheit, der Guth hieß. An diesen Namen kann ich mich noch erinnern. Merke dir diesen Namen. Drei Tage nach der Invasion wurde mein Cousin im Rücken verletzt und mein Onkel ließ ihn von der Front per Flugzeug abholen. Das war umsonst. Er starb während der Operation in einem Münchner Krankenhaus.

1941 starb meine Großmutter. Ich kehrte ins Haus meiner Mutter nach Cuxhaven zurück. Die Stadt wurde nie angegriffen. Die englischen Flugzeuge flogen über uns, zogen aber vorbei, um Hamburg zu bombardieren. Es gab viel Fisch zu essen. Ich konnte in die Schule gehen. Ich war ein guter Schüler, wenn auch ein bisschen frech. Ich war nie still. „Dein Vater muss ein Zigeuner gewesen sein“, sagte mein Onkel Andreas.

Nach dem Krieg blieb Cuxhaven britische Besatzungszone. Sie luden Kohle für ihre Schiffe auf die Züge. Es gehörte zu meinem ersten Abenteuer, auf die Waggons zu klettern und ihnen die Kohle zu klauen. Ich weiß nicht, ob es mit der Nähe zu den Booten im Hafen zusammenhing oder mit dem Geräusch der Nachtzüge, aber ich hatte immer den Wunsch zu reisen.

Im Leben gibt es Dinge, die man nie vergisst, auch wenn es manchmal Irrtümer sind. Andere wichtige Dinge vergisst man vielleicht. Ich kann es nicht so richtig erklären, aber ich weiß, dass das Gedächtnis das abspeichert, was es abspeichern will. Im Jahr 1947 schlug mich meine Mutter. Was habe ich danach gemacht? Ich bin geflohen. Das Geld reichte für eine Zugreise nach Hamburg. Ich trampte auf der Autobahn und kam in München an. Ich ging ins Haus meines Onkels. Ich erzählte ihm eine fantastische Geschichte, die er aber nicht glaubte. Die Polizei tauchte im Haus meiner Mutter in Cuxhaven auf, von daher wusste er die Wahrheit. Eine Sozialarbeiterin brachte mich zurück. Im Haus meines Onkels musste ich bestraft drei Tage lang auf sie warten. Ich musste Böden wischen und Teller waschen. An einem Nachmittag klopfte es an der Tür. Wer war es? Guth, der Freund meines Cousins.

Er erzählte den ganzen Nachmittag Kriegsgeschichten. Sie schickten ihn von Polen in die Sowjetunion. Er war zwei Jahre lang in Haft. Er zeigte mir Fotos von seiner schwarzen SS-Uniform. In dieser Zeit war er 28 Jahre alt und studierte Ingenieurwesen. Er war ein fanatischer Nazi. Guth verabschiedete sich, und am nächsten Tag brachten sie mich nach Cuxhaven. Niemals hätte ich daran gedacht, ihn noch mal wiederzusehen. Aber das Leben führt selbst Regie, mein Lieber. Man meint, es seien Zufälle, aber es ist Schicksal.

Von Kindheit an übte ich Radfahren. Ich war Mitglied eines Cuxhavener Vereins und gewann viele Rennen. In der Lokalzeitung wirst du mich finden. „Deutscher Meister im Radsport …“ Begib dich auf die Suche, große Aufmacher und viele Lügen. Sie wissen, wie die Presse ist. Mit zwanzig packte mich der

Wahnsinn. Ich schloss mit den Journalisten der Lokalzeitung eine Wette ab: Ich sollte mit dem Fahrrad von Cuxhaven nach Melbourne reisen. Es stand nichts auf dem Spiel, aber das Versprechen war gemacht, und ich bereitete mich darauf vor zu gewinnen. Ich brachte mein Fahrrad auf Hochtouren, es war rot. Die Firma Continental schenkte mir Abdeckungen. Die Reise finanzierte ich mit Reiseberichten für Lokalzeitungen. Ich schickte mehr als siebzig Artikel. Zu dieser Zeit war es eine ziemlich bekannte Reise.

Im Mai 1955 fuhr ich los Richtung Süden. An Bremen vorbei, ich überquerte die Alpen bis Italien, durchkreuzte Belgrad, Istanbul, Ankara und Damaskus. Im August kam ich ohne Geld in Bagdad an. Schau, wie die Dinge passieren. Ich fuhr durch die Stadt, aus einer Bar hörte ich laute Stimmen auf Deutsch. Ich schaute durchs Fenster. Ich sah sie. Fünfzehn Deutsche tranken zusammen Bier und sangen. Ich ging rein und stellte mich in ihre Nähe. Es waren Ingenieure. In Samara über dem Fluss Tigris bauten sie einen Damm. Sie wurden auf mein Fahrrad aufmerksam und brachten mir Bier. Ich erzählte ihnen Geschichten meiner Reise und sie konnten es nicht glauben. Nach einer Weile waren wir alle Freunde. Ich fragte sie nach Arbeit für mich. Ich verbrachte zwei Monate damit, Betonblöcke in der Wüste anzumalen.

Ein Deutscher im Werk wendete seinen Blick nicht von mir ab. Ich wusste nicht, wer dieser Mann war. Eines Tages fragte er mich: „Kommen Sie aus München?“
„Nein – antwortete ich –, ich lebe in Cuxhaven“. Meine Antwort überzeugte ihn nicht. Natürlich hatte mich der Deutsche wiedererkannt. „Sie sind der Neffe von Andreas Baumgartner“, sagte er plötzlich. Weißt du, wer ich bin, nein? Guth, mein Lieber. Mitten in der Wüste traf ich ihn wieder. Das ist Schicksal.

Guth leitete die Firma. Ich besuchte ihn in seinem Büro und er erzählte mir Dinge, die mit seiner Arbeit zu tun hatten. Er reiste die ganzen Monate nach Syrien. Und in Bagdad traf er sich mit dem König. Er war noch sehr jung und der König lieh ihm Pferde und Frauen aus. Guth interessierte sich für meine Reise. Eines Tages begleitete ich ihn nach Mosul. Wir waren in einer Bar und er fragte mich: “Sie möchten reisen?“
„Ja“, antwortete ich. Reisen und Abenteuer erleben war das Einzige im Leben, was mich interessierte. „Also, ich habe in Deutschland

eine Arbeit für Sie“, sagte er. Er schrieb die Adresse einer Firma in Nürnberg auf seine Karte, ebenso den Namen eines Kontakts. Er gab sie mir. Guth sagte es nicht, aber diese Firma war eine Fassade der Organisation.

Ich weiß nicht, warum es so war, vielleicht nur, um zu bestätigen, dass die Digitalisierung gut geklappt hatte. Es war so, wenn ich aufgehört hatte, die Archivnummer eins anzuhören, mich schon die nächste Geschichte in den Bann gezogen hatte.

Bittner lebte im Norden von Buenos Aires, in einem Ort, den ich nie identifizieren konnte. Ich reiste im Bus dorthin, eine Entfernung von hundert Kilometern. Luján, Zárate, Open Door, Los Cardales. Städte und Dörfer, von Feldern umgeben. Mit Fetzen aus seinen Geschichten stellte ich mir den Ort vor, den er in der Welt besetzt hatte: eine unasphaltierte Straße, nur für den Verkehr von Pferdekarren und Fahrrädern geeignet; ein Haus im heiklen Zustand: unverputzte Backsteine, Wellblechdach, gebrauchte Türen und Fenster. Tomatenpflanzen im Hinterhof, Zitronen, Pflaumen, Hühner, ein Hund.

Er entschied, wann wir uns wiedersehen. Er

rief an, und bestimmte Tag, Uhrzeit und Ort. Das zweite Treffen arrangierte er in der Wohnung in der Straße Suipacha. Beim Eintreten sah ich gekühltes Bier auf dem Tisch, um das ich gebeten hatte. Es war sein schlimmster Tag. Sein Privatleben gehörte zu dem Geheimnis, das er am strengsten für sich behielt. Das war der Konflikt.

– Du schreibst über Klemm, meine Reisen, die Pakete. Über mich kannst du sagen, was du willst.

Bittner ist der mütterliche Nachname. Seinen Vater hat er nie kennengelernt. Die Mutter gab ihn am Ende des Krieges zur Adoption frei.

– Sie ging zur Heilsarmee und ich verlor sie aus den Augen.

Er sagte es auf eine unpersönliche Art und Weise, wie ein Wissenschaftler, der die Entdeckung eines bösen Bakteriums im Labor enthüllt.

Seinen Vater hat er einmal im Leben gesehen. Er spazierte auf der Straße in Cuxhaven: „Siehst du diesen Mann?", die Mutter zeigte auf einen Mann, der aussah wie alle anderen

Männer, die dort entlangliefen. „Das ist dein Vater." Das war alles.

– Ich nehme an, dass er es war, und habe ihn vergessen.

Die Adoptivmutter nannte er die „Zweite Mama". Der Stiefvater war ein Marine-Offizier, und bezog eine dicke Rente.
1958 heiratete er eine unbekannte Frau, drei Jahre später ließ er sich von ihr scheiden. Er erwähnte nichts von seiner chilenischen Freundin, die ihn beim Überqueren der Anden begleitete.

– Die Wahrheit ist, dass ich seit dem Tod meines Onkels Andreas alleine bin. Ich lebte immer alleine – sagt seine Stimme auf der Cassette und danach war das Band zu Ende.

Mit einundzwanzig Jahren kam er in der Samara-Wüste an. Er hatte weder Vater noch Mutter, die auf seine Rückkehr in Deutschland warteten. Er hatte weder eine Frau noch eine Freundin. Das Alter befreite ihn von Kriegsverbrechen. Mit dieser Sicherheit konnte er Grenzen überschreiten, ohne Verdacht zu wecken.

Er wünschte sich nur zu reisen. Guth sah es so: Das Profil eines jungen Mannes, maßgeschneidert für eine heimliche Nazi-Organisation.

Das war eine Vermutung. In einer wahren Geschichte wäre sie sinnvoll gewesen. Die von Bittner war nicht bewiesen.

Das Treffen mit Guth in der Wüste war einer der unglaubwürdigsten Momente in der Geschichte, es könnte jedoch ein Hinweis auf Wahrhaftigkeit sein. Um eine falsche Begegnung zu erfinden, hätte man auch den Berliner Bahnhof aussuchen können. Das war die Frage: Und wenn Bittner das so erzählt hat, ist es lediglich deshalb, weil die Ereignisse genau so stattfanden, weil die Tatsachen tatsächlich so waren.

Um die Geschichte am Leben zu erhalten, musste man Bittners verfasste Reiseberichte finden. Die Zeitung, die sie veröffentlicht haben könnte, war die Cuxhavener Zeitung, die einzige Tageszeitung der Stadt in den fünfziger Jahren. Zwei Jahrzehnte später, am 3. Juli 1970, schloss sie ihre Pforten. Im Norden Niedersachsens erscheinen derzeit drei Tageszeitungen: Nordsee-Zeitung, Hamburger Abendblatt, Cuxhavener Nachrichten. Im Februar 2001 schickte ich den Herausgebern der Rubrik Gesellschaft, Sport und Stadt eine vom Englischen ins Deutsche übersetzte E-Mail. Inklusive Auskunftsersuchen und eine Profilbeschreibung: Deutscher Staatsbürger, geboren in Cuxhaven; 1955 begab er sich auf eine Radtour nach Australien, die Nachricht wurde in den lokalen Tageszeitungen veröffentlicht. Ich erwähnte mit keinem Wort Nazis.

Es war eine Flasche im Meer. Die Geschichte blieb wie ein treibendes Schiffswrack in den Händen der launischen Gezeiten des Meeres.

In Samara nannten sie mich den Verrückten vom Fahrrad. Ich war sehr bekannt und verdiente gutes Geld. Viertausend Dollar in zwei Monaten. Ich lebte in einem Fertighaus mit Klimaanlage. So etwas hatte ich zuvor noch nie gesehen. Das Essen war gratis, die Firma übernahm den Transport. Alles ein Gewinn. Das Problem jedoch war, dass man in Samara nur arbeiten konnte. Wir hatten Pferde, aber bei fünfzig Grad Hitze wollte niemand durch die Wüste reiten. Sie sagten mir, in Bagdad könnte man Spaß haben. Ich reiste im Zug ab Mosul. Ich wechselte die Stadt und sah ein Bordell. Ich trat ein. Nichts passierte. Die

Frauen fassten dich am Pimmel, zogen dir das Geld aus der Tasche und das war alles. Und tschüs.

Ich kehrte nach Samara zurück. Ich war neugierig. Ich wollte wissen, was die Iraker in der Moschee machten. Uns Ausländern war es verboten, am Leben der Araber teilzunehmen. Wir durften ihre Bars nicht besuchen und erst recht nicht ihre Kirchen. Aber ich war immer mutig und machte Blödsinn. Ich sagte zu einem Araber in der Firma, er soll ein Foto von mir machen, um es meiner Mutter zu schicken. Ich lieh mir seine Kleidung aus. Hose, Hemd, Turban. Ich zog es an und legte einen Schleier um mein Gesicht. Ich betrat eine Moschee und imitierte die Bewegungen der Araber, die an meiner Seite waren. Ich tat es schlecht und wurde entdeckt. Tschüs, kleiner Deutscher …

Ich wurde verhaftet. Ein Firmenchef schaltete sich ein und ich erzählte ihm von meiner Reise mit dem Fahrrad. Den Irakern gefiel die Geschichte, aber ich hatte Allah beleidigt und sollte sterben. Ein religiöses Gericht verurteilte mich. Große Aufregung, es hat ein riesiges Durcheinander in Samara gegeben. Sie hielten mich in einem Polizeirevier von Mosul fest. Es war Nacht. Vier Deutsche holten mich aus dem

Kerker raus. Sie bestachen die Wächter. Guth wartete mit meinem Rucksack in einem Jeep. Er hatte die Flucht vorbereitet. In Bagdad kauften wir ein Auto. Wir kamen am Hafen von Bazra an. Ein englisches Schiff mit lauter Pakistanis an Bord fuhr nach Bombay.

Guth verhandelte am Eingang mit dem Kapitän. Wir verabschiedeten uns und ich hörte nie wieder was von ihm.

In Bombay ging ich aufs Konsulat und erzählte meine Geschichte. Ich wollte kein Geld für die Rückreise ausgeben. Sie setzten mich auf einen Frachter, der an allen Häfen hielt. Das Ticket wurde nicht bezahlt. Im Dezember kam ich in Cuxhaven an. Die Tageszeitungen interviewten mich. Die Geschichte von der Reise gefiel ihnen gut. Ich hingegen war traurig, weil ich auf der Flucht mein Fahrrad in Samara zurücklassen musste und die Reise nach Melbourne nicht fortsetzen konnte. Ich blieb für eine Weile zurückgezogen zu Hause. Eines Tages reiste ich nach Nürnberg. Ich stellte mich in Guths Firma vor. Ich wollte wissen, welche Arbeit sie mir anbieten. Es war ein Treffen mit einem Deutschen, der schon von mir wusste. Ich sollte Haushaltsgeräte von Haus zu Haus verkaufen. Er schlug mir ein gutes Gehalt vor und ich nahm das Angebot an. In der Woche gab es Bügel- und Mixervorführungen vor jedem Haus, in ganz Deutschland.

Das war meine erste Arbeit für die Organisation, mein Lieber. So fing es an.

Christian Mangels schrieb für die Rubrik Stadt und Land der Cuxhavener Nachrichten. Er ist einer der Journalisten, der die Informationsanfrage erhielt. Zwei Monate später antwortete er mit sieben Zeilen auf Englisch. Er interessierte sich für die Geschichte. Er wollte einen Artikel über Bittner veröffentlichen, falls das Stadtarchiv Reiseberichte finden wird.

Die folgende E-Mail beinhaltete einen Katalog mit acht Fragen: Wo lebt er? Wann kam er nach Argentinien? Warum? Was arbeitet er? Ist er verheiratet? Hat er Kinder? Hat er noch Familie in Cuxhaven? Können Sie mir Fotos schicken? Von Mangels erwartete ich Antworten, aber anstelle dessen kamen weitere Fragen. Ich schickte eine Kopie vom Personalausweis und antwortete vorsichtig auf seine Fragen.

Es folgten drei Wochen voller Unsicherheit,

mit schlimmen Fragen: Soll die Verbindung der Geschichte mit den Nazis aufgedeckt worden sein? Und wenn Bittner ein gesuchter Flüchtling in Deutschland ist? In welchem Zusammenhang steht die Tageszeitung mit der Geschichte? In seiner folgenden E-Mail informierte mich Mangels darüber, dass sein Artikel als Aufhänger auf der Web-Seite der Zeitung erschienen ist.

„Der Ritter des Pedals lebt in Argentinien." Ein dreispaltiger Artikel. Bittners Augen schauten zum Leser. Die wichtigsten Informationen standen im zweiten Absatz. Es gab die Reise. Die Journalisten der Zeitung tauften sie auf den Titel „Die Tour von Australien". In der Ausgabe vom 18. April 1955 schrieben sie: „Es begann eine ungewöhnliche Radtour." Leichtes Gepäck, Zelt, Schlafsack und Gaskocher. Und das ohne einen Pfennig in der Tasche. Wenn es notwendig ist, wird er sich durch Arbeit seinen Unterhalt verdienen oder aber gegen Honorar seine Reiseerlebnisse ausländischen Zeitungen zur Verfügung stellen." Im Norden Deutschlands machte Radler Bittner mit dem Weltrekord im Dauerradfahren Schlagzeilen: Er legte eine 500 Kilometer lange Strecke in der Rekordzeit von 17.29.20 Stunden zurück. Seine Verbindung zu Kriegsverbrechern, wenn sie überhaupt stimmte, verschwand aus seiner Biografie wie eine ignorierte Facette.

Der Artikel belegte die Reise. Das war die Nachricht, er beinhaltete Zitate aus der Zeitung und weiter nichts. Im Text fand man keine Abbildungen aus dieser Zeit. Ein realer Beweis, jedoch unsichtbar, nützlich als Ausgangspunkt. Es fehlte die Reise und die Rückkehr. Wie sah Bittner in jungen Jahren aus, welche heiße Geschichte hatte er beim Aussteigen erlebt, welchen Eindruck hatte der Chronist von ihm, als er ihn interviewte?

Die Antwort kam neun Jahre später, als das Hamburger Abendblatt sein Archiv digitalisierte. „Globetrotter auf dem Fahrrad. Ende eines Abenteuers in Indien“, hieß der Titel. Die Reisechronik erschien in der Ausgabe vom 28. Dezember 1955, wo ein Foto und eine Grafik auf drei Spalten zu sehen waren. Bruno Gaukel hat sie geschrieben. In Bittners jungem Gesicht überwogen die kantigen Gesichtszüge, die aber mit dem Alter eher rundlich wurden. So, als wenn der Kopf sich vom Rechteck zum Kreis verwandelt. Er trug ein weißes T-Shirt und ein Bündel blonder Haare fiel ihm in die Stirn.

Die Augen waren kaum geöffnet, er schien müde zu sein.

Er reiste mit fünfzig Kilogramm Gepäck, inklusive Erste-Hilfe-Kasten und Fotokamera. Das Fahrrad wog zehn Kilogramm. Die Durchschnittsstrecke lag bei einhundertfünfzig Kilometern pro Tag.

Im damaligen Jugoslawien begannen die Probleme. Die Polizei verwies ihn des Landes. Er radelte achtzig Stunden ohne Ende, um vom Balkan zu flüchten. Eine griechische Zeitung bat ihn um einen Artikel über die Reise. Sie zahlten nicht für diese Arbeit, was im Mediengeschäft üblich ist. In der Türkei und auch in Indien wurde er von Radfahrern wie ein Held gefeiert. Die Zeichnung bildet die Reise nach. Das erste Bild zeigt einen lachenden, schmalen Kerl auf einem Fahrrad in Cuxhaven. Auf dem ersten Bild sieht man einen dünnen Bittner, er lächelt und steigt in Cuxhaven auf sein Fahrrad; ein jugoslawischer Polizist zieht ihn aus dem Zelt; er flieht vom Balkan und kommt in Griechenland an; er duscht in Istanbul; ein Reifen platzt auf dem Weg nach Damaskus; in Syrien ruft die Polizei einen Alarm aus: “Verrückter Deutscher will die Wüste mit dem Fahrrad durchqueren“; er kommt mit dem Bus in Bagdad an; er gräbt in dem Samara-Sand; in Bazra flüchtet er auf ein Schiff; er landet in Bombay“. Bittner sonnt sich ausgebreitet im Sand neben einem Faqir und einem bengalischen Tiger. Ende.

Der erste Teil der Geschichte war bewiesen. Alles andere fehlte und musste noch gefunden werden.

# 3. Die Organisation

Nur er wusste, was ich suchte. Er überprüfte die Aktentasche. Er überflog die Papiere. Er legte ein Foto auf den Tisch und wiederholte den Vorgang. Er schnappte sich die Zigarettenschachtel und zählte nach: fünf. Er steckte eine in den Mund. Mit Ausnahme der Fotos steckte er sämtliche Sachen wieder in die Tasche.

– Verdammte Scheiße, mein Lieber, ich habe wahnsinnig viel geraucht – er stand auf. Gib mir Feuer – befahl er mit der Zigarette im Mund.

Ich gab ihm das Feuerzeug und wies ihn auf das Foto hin. Sechs Männer in den Bergen. Einer von ihnen war der junge Bittner.

– Wo ist das?

– In der Nähe von Nürnberg.

Ein Schweißtropfen lief ihm über die Stirn.

– Freunde?

Er schaute zur Decke.

– Ein Essen der Organisation –, äußerte er sich lustlos.

Der Rauch seiner Zigarette schwebte vor seinem Gesicht wie eine Seide im Wind. Er schimpfte auf Deutsch. Plötzlich legte er den Inhalt der Aktentasche auf den Tisch. Es fielen alte Fotos heraus, Papiere mit amtlichen Stempeln, Briefköpfe auf Englisch, Arabisch, Fotos, nicht entwickelte Filme. Er hielt sie der Welt fern und überprüfte jeden Umschlag mit militärischer Besessenheit. Auf einem las er die handschriftliche Anmerkung: Miramar 1974. Er hob die Hand und schüttelte es in der Luft.

– Wenn ich die verloren hätte, hätte ich mich umgebracht.

Er zog zwei Schnappschüsse von zehn mal fünfzehn heraus. Ein altes Paar im Badeanzug, das mit einem Hund am Meer spazieren geht. Es schien ein persönliches Andenken zu sein. Zu viel Aufregung für eine so kleine Sache.

– Womit wollen Sie anfangen?

Er hatte sich wieder etwas erholt.

– Am Anfang. Das Foto aus Nürnberg.

Er teilte mit, dass es 1965 kurz vor seiner zweiten Reise nach Bagdad aufgenommen wurde. Sechs Männer sitzen als Gruppe wie bei einem Selfie vor einem Blockhaus, aus dessen Schornstein der Rauch emporsteigt. Zwei junge Männer in Bittners Alter, zwei von ihnen in den Vierzigern und ein Älterer, ein Tiroler mit kurzer Hose in den Sechzigern, Schützen mit Federhut. Nichts an diesen Männern erweckte Aufmerksamkeit. Sie waren blond und brünett, einer mit Brille, alle – außer dem Tiroler – waren ganz gewöhnlich gekleidet. Der Grund für das Treffen war ein Spionage-Kurs.

– Dieser – er zeigte mit dem Finger auf einen Braunhaarigen um die vierzig – , war ein Stasi-Spion, Tschechoslowake – er nahm an, dass niemand ignorierte, dass die Stasi der ostdeutsche Geheimdienst war. Er flog auf und sie töteten ihn.

– Einfach so?

– Einfach so.

– Und diese drei?

Er hielt das Foto fest in seiner Hand.

– Mörder, mein Lieber. Guck dir bloß die Gesichter an. Guck auf das hintere, das große, auf das, wo auch der Tschechoslowake drauf ist. Alles Mörder.

– Wer ist der Tiroler?

– Für mich war er derjenige, der die Organisation von Österreich aus verwaltete. Er hatte sieben Pässe.

Er zeigte mit dem Finger auf den Blonden mit der Brille.

– Der zweite Mann, ein Deutscher.

– Kann ich eine Fotokopie davon machen?

– Diese Mörder, die du hier siehst, die jüngsten, fingen alle so an wie ich, als Verkäufer.

Er legte das Foto wieder in die Aktentasche, ohne zu antworten. Und machte weiter, als wenn nichts wäre.

– Auch wenn du es nicht glaubst, das Geschäft der Organisation war legal. Alles sehr ordentlich, sehr deutsch.

Das Büro der Firma befand sich in einem Gebäude, unter folgender Adresse: „Untere Baustraße“, die Hausnummer wusste er nicht mehr. Straße ist eigentlich eine aus drei Blöcken bestehende Gasse, die zwischen der Kirchenstraße und dem Eisenbahngelände zum Rangieren liegt. Es gibt zwei Bauarten. Auf der einen Seite des Durchgangs neue, dreistöckige Wohnungen im Industrie-Design mit Fenstern und Balkonen aus Aluminium.

Auf der anderen Seite, alte prachtvolle Gebäude wie eine Sinfonie. Die Vorderfront aus Stein und Ziegel, Fenster und Türen aus Holz, schwarze Schieferdächer.

– Und als Sie sich im Büro vorgestellt haben, sagten Sie da, dass Guth Sie geschickt hatte, und haben die Ihnen einfach einen Job gegeben?

– So ähnlich, sie schickten mich von dem einen zum anderen, bis ich vor Klanert stand. Er wusste schon von mir.

– Wie schreibt man das?

– Das ist egal, ein falscher Name – er präsentierte ihn wie einen Filter. Er war dafür verantwortlich, dass du nie aufsteigst. Er hatte fünf Pässe.

Der Tiroler, der die Fäden von Österreich aus zog, hatte sieben. Der Führer der Organisation bestimmte die Passnummern.

– Sprach Klanert davon, den Nazis zu helfen?

– Überstürze nichts … Klanert brachte mich zu einem ehemaligen SS-Mann namens Maia.

– Falscher Name?

– Nein … – rief er –, Maia war sein richtiger Name. Er war mein erster Chef.

– Wie schreibt der sich?

– Maia.

– Ein griechisches oder lateinisches i ?

– Ist doch egal, hör zu.

Er beschrieb Maia als fanatischen Antikommunisten mit starkem Charakter, und als polemischen Protagonisten in der Presse. Er war ein SS-General, zuständig für die Panzerbrigaden beziehungsweise Panzereinheit. Über seine militärische Vergangenheit sagte er nichts.

– Ich sah Maia mit einer Konkubine kämpfen, mein Lieber. Er war ungefähr fünfzig Jahre alt und sie fünfundzwanzig. Das werde ich niemals vergessen.

– Warum?

– Weil er ein Kerl war, der wie ein Flüchtling in der Luft lebte, und mir alles beibrachte.

– Was brachte er Ihnen bei?

– Zuerst verkaufte ich Gemüsemixer auf der Straße. Er nahm mich eine Woche lang mit, um von Haus zu Haus Vorführungen mit Mohrrüben und Tomaten zu machen. Eines Morgens kam ich direkt in ein Haus, wo eine gesamte Familie beisammen war. Onkel, Brüder. Ich verkaufte sechs Geräte und kehrte zu Maia zurück, um es ihm zu erzählen.

Er wartete in einer Bar auf uns. Er fragte jeden neuen Verkäufer, wie viele Geräte er verkauft hatte. Niemand hatte etwas verkauft. Er fragte mich und ich sagte ihm sechs Stück. Er wurde fast verrückt und besuchte die Familie, weil er mir nicht glauben konnte. Sie bestätigten ihm die Käufe, ab diesem Moment war ich für Maia der Favorit.

Ein simples Geschäftsmodell. Der Großhandel beim Hersteller – Kobol, Electrolux, Siemens –, der Einzelhandel mit einer Marketingstruktur, die in drei Ebenen unterteilt ist: Verkäufer mit zwanzig, Aufseher mit vierzig, Chefs mit fünfzig. Offiziere, Unteroffiziere und Truppe.

– Alle SS-Leute waren Bonzen, mein Lieber. Militärs ohne Armee.

– Woher wissen Sie das?

– Weil ich mit ihnen gelebt habe. Wenn

wir uns im Hotel getroffen haben, hörte ich die Gespräche mit. Alle dachten gleich, wie die Nazis.

Wenn Bittner die Personen erwähnte, vermied er Einzelheiten und Namen. Er ließ nichts aus, aber er war sich der Kluft zwischen dem geschriebenen Wort und der deutschen Aussprache bewusst. Er wusste, dass sie unter diesen Bedingungen nicht erwähnt werden sollten. Diese Namen wurden eher aus der Phonetik hergeleitet. Diese Arbeit übernahm die Funktion „Hören“ von Google Translator.

Maia war Meyer, Kurt Meyer, der jüngste SS-General, bekannt für seinen Spitznamen „Panzermeyer“. Die Beschreibung, die Bittner über ihn gab, stimmt mit der Biografie überein. Er kämpfte in Frankreich, Griechenland und in der Sowjetunion. Dort führte er – als Leiter – Panzerbrigaden. Er erhielt zehn Auszeichnungen für seinen Heldenmut im Kampf. Am Ende des Krieges kam er ins Gefängnis. Man brachte ihn vor Gericht und sprach ihn wegen seiner Kriegsverbrechen für schuldig. Er wurde zum Tode verurteilt. Wegen Prozessfehlern wurde das Urteil aufgehoben. Er bekam zehn Jahre Haft. Der britische Geheimdienst nahm seine Gespräche mit anderen Häftlingen auf.

Sie sahen den Nationalsozialismus als Religion und Hitler als Messias an. 1954 kam er frei. Im Rheinland empfingen ihn ein Kirchenchor und eine Gruppe von Feuerwehrleuten. Die Fackeln, die von der Menge getragen wurden, beleuchteten die Zeremonie. 1957 veröffentlichte er Granaderos, ein autobiografisches Buch, in dem er über seine Kriegserfahrungen berichtete. Diverse Historiker betrachteten das Werk als Huldigung. Als Unverschämtheit wurde es sogar bewertet. Er starb 1961, am Tag seines einundfünfzigsten Geburtstags. Fünfzehntausend nahmen an seiner Beerdigung teil.

Meyer trug unter einem anderen Namen einen zweiten Personalausweis. Das Verfahren war gleich. Phonetik. GIAG ist HIAG.

Die Hilfsgemeinschaft auf Gegenseitigkeit der Angehörigen der ehemaligen Waffen-SS. Meyer war Sprecher der Organisation. Sie wurde 1951 gegründet und hatte siebzigtausend Mitglieder. Ihr Ziel war die wirtschaftliche, juristische und historische Sanierung der Waffen-SS. Sie blieb bis 1992 in ganz Deutschland tätig. Aktuell gibt es sie auf regionaler Ebene.

Anlässlich des 55. Jahrestages der Waffen-SS sendete Spiegel TV 2009 einen Bericht. In Büchen fand eine feierliche Veranstaltung statt, die von der lokalen Gemeinde finanziert wurde. Die Kamera verfolgt einen älteren Mann mit Gehstock in einem Bauernverein. Alte Frauen und Männer steigen aus ihrem Audi, Mercedes und Opel. Die Großmütter schmücken ihr Alter mit Armreifen und Ketten. Die Großväter mit Medaillen. Sie sehen die Kamera und verändern sich. Im Bild sind Gesichter der Hilflosigkeit zu sehen. Irgendjemand drückt sich gegen den Kameramann. Der Produzent diskutiert. Kameramann und Produzent machen das eins-zwei: Der eine lenkt ab, der andere filmt. Die Großeltern haben Schwierigkeiten beim Bewegen, sie heben die Arme und schlagen gegen die Linse. Die Kamera wackelt. Vor, zurück. Ein alter Mann erscheint auf dem Weg. Er trägt ein Hakenkreuz auf der Brust. Er schüttelt seinen Arm und zeichnet mit dem Zeigefinger eine unsichtbare Grenze in die Erde und schreit:

– Wir sind die ehrlichen Soldaten, die der Heimat dienen und ihr seid die Kommunisten.

– Wo haben Sie als Soldat gedient?, fragt

der Produzent.

– Das geht Sie nichts an …

Jemand schreit: Sieg! Alle antworten; Heil! Ein alter, weißbärtiger Mann spuckt auf die Linse. Glas mit imprägniertem Speichel, der Speichel verzerrt das Bild. Schnitt. Ein junger Mann schaut mit Verachtung in die Kamera und rollt ein Banner hoch. Es ist grün und weiß, mit einem schwarzen Kreuz und der Aufschrift: HIAG.

Die Organisation erkannte illegale Aktivitäten niemals an und wurde auch deswegen nie angeklagt, aber HIAG funktionierte mit einem doppelten Protokoll. Bittners Geschichte, sollte sie wahr sein, wäre der Beweis. Eine öffentliche Lobbyarbeit für die Rechte und auch für das geheime Netzwerk von Nazi-Unterstützern.

Die Firma wurde mit dem Geld gestohlener Kriegswaren gegründet. Auf den Namen eines Strohmanns mit falscher Identität, und sie diente als Fassade für verschiedene Zwecke. Ein analoges Panama Paper. Ein großer Teil Deutschlands wurde am Ende des Krieges durch Bombenanschläge zerstört. Dem folgte ein Prozess des Wiederaufbaus, der als Marshall-Plan bekannt ist: Mit einer starken Finanzspritze aus den Vereinigten Staaten. In jedem Haus sollte das Verlorene wieder ersetzt werden, so auch die elektronischen Haushaltsgeräte. Es gab einen Konsum-Ausbruch. Die Mitglieder der SS blieben bei diesem Prozess außen vor.

Die Organisation wurde für illegal erklärt und ihre Mitglieder wurden von den Sozialleistungen ausgeschlossen. Es war nicht leicht für sie, Arbeit zu bekommen. Aus diesem Grund hat die Organisation ein Unternehmen mit hoher Nachfrage nach Arbeitskräften für Vertriebsteams gegründet. Beschäftigung für die Waffen-SS. In diesen Jahren wurde Deutschland von den Besatzungsmächten besetzt, die teilten das Land in Kontrollgebiete auf: englische, französische, nordamerikanische und sowjetische. Eine Hausverkaufsstruktur für das gesamte Land erlaubte der Organisation, ein Kommunikationsnetzwerk aufzubauen, um illegale Aktivitäten zu verschleiern, wie zum Beispiel Geldbewegungen, Hilfe für flüchtige Straftäter usw. Die Verkäufer hatten eigentlich die gleiche Funktion wie eine Telegrafenleitung.

– Wie lange haben Sie Haushaltsgeräte verkauft?

– Ungefähr zwei Jahre, die Organisation gab mir einen Volkswagen und ich zog wie ein Zigeuner durchs ganze Land. Fünfzehn Tage mit einem Weib, die weiteren fünfzehn Tage mit einem anderen.

– Und wann kamen die Pakete?

– In ´58.

Das Büro in der sogenannten „Untere“ hatte eine Drehtür. Menschen ohne Namen traten durch sie herein. Sie kamen von irgendwoher und gingen überall hin. Dort kündigte Klanert eine Reise nach Syrien an. Er brachte fünfhundert Mark im Umschlag mit. Bittner erhielt einen entscheidenden Auftrag: Falls es Probleme gibt, musst du ihn sowieso zerstören. Er fuhr mit dem Zug und einer Hotelreservierung mit zwei Sternen nach Damaskus. Ein Deutscher würde ihn kontaktieren. Kurier und Empfänger identifizierten sich mit der Eintrittskarte für eine öffentliche Veranstaltung. Kinoeintritt, Fußballspiel, Basketball, Konzert. Jeder mit seiner Hälfte. Die Nummerierung musste übereinstimmen. Übergib mit bloßen Händen, schnell und ohne große Worte.

- Haben Sie Dokumente?, fragte ich. Dieses hier habe ich, antwortete der Deutsche und gab mir die Hälfte der Eintrittskarte. Ich las, dieselbe Nummer, ich übergab den Umschlag und er ging. Es wurde nichts gesagt. So lief es auf der ganzen Welt, es gab immer jemanden, der mich mit der Hälfte eines Tickets erwartete.

- Wie haben Sie mit der Organisation kommuniziert, während Sie auf Reisen waren?

- Ich erhielt die Briefe mit der Post auf der jeweiligen örtlichen Poststelle. Sie kamen aus Österreich und waren handschriftlich auf dünnem, leichtem Papier verfasst, so wie das der Bibeln. Die Schecks kamen immer von internationalen Banken, das konnte Schulz, Meier, Schmidt oder wer auch immer bestätigen. Nichts führte nach Deutschland.

Der Tisch war voll mit Umschlägen und Papieren.

– Haben Sie einen dieser Briefe mitgebracht?

– Nein, mein Lieber, die wurden zerstört, aber hier haben Sie einen Beleg meiner Reisen.

Eine Impfbescheinigung gegen Cholera und Pocken von der Irakischen Republik auf den Namen Herbert Bittner, Pass 12538, vom 25. August 1965.

– Damit bestätigen Sie, dass Sie 1965 im Irak waren.

– Das sagte ich.

– Ja, Sie haben gesagt, dass Sie im Irak waren, weil Sie von einer Naziorganisation dorthin geschickt wurden. Wie lässt sich der zweite Teil beweisen?

– Er schnappte einhändig die Filme vom Tisch und ging zum Fenster.

– Guck dir das an, sagt dir das was?

Wir schauten ins Gegenlicht. Es waren neun Mittelformataufnahmen. Der Film der Marke Perutz war verschmutzt und zerkratzt. Verschiedene Bilder: Blick auf eine Stadt, von der Terrasse aus gesehen, orientalische Türme in der Ferne; Männer mit weißer Tunika; ein Boot mit zwei Koffern und drei Männern; Bittner mit Matrosenhemd zusammen mit einer Gruppe junger Männer; einer der Brillenträger mit einem Ordner in der Hand packt ihn am Arm, im Hintergrund ein Schild, mit der Aufschrift: Pakistans Ends, Goodbye.

– Das ist alles?

Er ging wie ein Schlafwandler zur Küche.

– Gut, mein Lieber, ich weiß nicht, welche Beweise du suchst.

– Nichts auf diesen Fotos weist daraufhin, dass es sich weder um Nazis noch um Mitglieder einer geheimen Organisation handelt. Es zeigt lediglich, dass Sie viel gereist sind.

– Wenn Maia am Leben wäre, würde ich ihn hereinholen, um es dir zu sagen.

– Genau das ist der Punkt. Wer könnte noch reden? Es handelt sich nicht nur um Papiere, sondern um mehr, als Ihre Worte zu haben.

– Dafür muss man reisen.

– Wohin?

– Nach Córdoba, Bariloche, Temuco.

– Was gibt es in Temuco?

– Beweise, mein Lieber, südlich von Temuco ist nicht mehr Chile, sondern Deutschland.

– Warum?

– Weil die Organisation innerhalb von zwei Stunden für mich einen Pass beim deutschen Konsulat in Concepción abgeholt hat.

Falsch, aber legitim. Mit diesem Pass lebte ich bis 1982 in Argentinien, verstehst du?

– Ich verstehe, wer wird die Beweise liefern?

– Die Menschen, die es wissen. Das sind die Älteren, und wenn man sie gut behandelt, wird dabei etwas herausspringen. Ich weiß schon, wie man bei ihnen eindringt. Aber man muss reisen und das bedeutet Geld.

– Warum Córdoba und Bariloche?

– Weil sich dort Schwammberger, Priebke und viele andere versteckten – er kam zurück und setzte sich, er legte die Filme auf den Tisch. Sie organisierten Essen unter sich und haben mich oft eingeladen. Ich kenne sie.

Zum ersten Mal bestätigte er den Kontakt zu den geflohenen Kriminellen in Argentinien.

– Kannten Sie Priebke?

– Natürlich, er war ein Dummer, der mit seinem richtigen Namen gelebt hat. Wissen Sie, warum man ihn geschnappt hat? Weil er durch die Bars von Bariloche zog und dabei erzählte, wie er Menschen in Italien getötet hat und Reporter das mitbekommen haben.

1944 befahl Erich Priebke den Mord an dreihundertfünfunddreißig italienischen Zivilisten durch einen Schuss in den Hinterkopf. Man nannte es: das Massaker an den Ardeatine-Gruben. Es ereignete sich in der Nähe von Rom, in einer abgelegenen Mine. Fünfzig Jahre lang führte er ein ruhiges Leben als einer der prominenten Bürger von Bariloche. 1994 hat ihn eine Kamera beim Einsteigen in sein weißes Auto gefilmt. Das Bild ist auf YouTube: Tiroler Hut ohne Feder, harmloses Gesicht. Für Männer wie Priebke spielt die Zeit eine Gunst, das Gesicht des Alters bringt ihnen Mitleid entgegen und verharmlost sie.

– Er sagte mir immer … – die Unterbrechung war abrupt. Er hat sich selbst ergeben, er war ein Idiot …

– Hatte ihn die Organisation beschützt?

– Ich nehme es an, sie hat alle beschützt.

– Die Polizei warnte sie vor bevorstehenden Sicherheitsproblemen und gab ihnen Zeit zur Flucht. Das war schon immer so. Sie sind alt geworden. Wir sprechen hier von Menschen, die achtzig Jahre oder älter gewesen sind, wieso sollten sie weglaufen?

Plötzlich sprang er mit der Gelenkigkeit eines Akrobaten von seinem Stuhl auf und schrie:

– Warum war mir das vorher nie bewusst?

Er schlug sich gegen die Stirn, als würde er gerade den Halt verlieren.

– Die Alte muss zahlen.

– Von wem sprechen Sie?

– Ich weiß, woher ich das Geld bekomme.

Er legte die Papiere und die Fotos zusammen.

– Welches Geld?

– Um nach Temuco zu fahren.

– Woher?

– Von Klemm.

– Sie glauben, er wird für das Buch mit uns zusammenarbeiten?

Bittners Plan erschien mir abwegig, dass Federico Klemm die Recherche, die den schmutzigen Ursprung seines vom Vater geerbten Vermögens aufzeigt, finanzieren wird.

– Nein, mein Lieber, ich gehe und setze die Alte unter Druck. Ich werde ihr sagen, dass wenn sie mir das Geld nicht gibt, ich Flyer über Haller und seine Frau herausnehmen werde. Ich verteile sie eine Nacht lang an die gesamte Presse. Können Sie sich den Skandal vorstellen, der sich dann in Buenos Aires auftut?

Er sprach von Erpressung.

– Das ist ein Verbrechen.

– Das spielt keine Rolle, wir haben dann das Geld.

– Die Alte ist Klemms Ehefrau, das heißt die Mutter von Federico?

– Natürlich.

– Kennen Sie sie?

– Ich war mehrmals bei ihr im Haus und vor Jahren habe ich ihr einen Gefallen getan.

– Einen Gefallen? Welcher Art?

– Ich habe geklaute Finanzdokumente von über zwei Millionen Dollar gerettet. Im Gegenzug zahlte sie eine Belohnung, sie war sehr nett zu mir. Sie sagte mir damals, dass ihre Tür für mich immer offen stände.

– Worin liegt dann das Problem?

– Dass ich jetzt zu der Alten will, verdammt. Und nicht kann.

– Warum?

– Weil mich die Sekretärin vor der Haustür abfertigt. Sich um mich kümmert und meine Nachricht an sie nicht weitergibt. Ich muss das Durcheinander erst noch richtig organisieren.

Und das ist eine gute Werbung für das Buch. Ist dir das bewusst?

– Ich bin mir nicht sicher.

– Ja, mein Lieber. Wie sagt Wiesenthal, die Organisation vergisst nie.

Er zog die beiden Fotos mit der Registrierung Miramar 1974 aus dem Umschlag und legte sie auf den Tisch.

– Sie wissen nicht, wer dieser Mann ist?

Auf dem Bild ist ein altes Ehepaar. Sie trägt einen einfachen Badeanzug mit einem abstrakten lila Muster auf weißem Hintergrund. Er trägt eine kurze schwarze Hose, passend zu einem alten Olympia-Schwimmer. Sie haben lange Beine und sind schlank. Sie läuft barfuß in Plastiksandalen und trägt einen schwarzen Bademantel in der Hand. Er trägt braune Flip-Flops. An seinem Arm hängt ein Rettungsreifen. Darauf ist ein hellblauer Himmel, ein rotes Segelboot und ein Blauwal mit orangefarbener Flosse abgebildet.

Die Sonne knallt ihnen ins Gesicht. Sie lächelt mit gesenktem Blick und er hat die Hand vorm Gesicht. Im Hintergrund ist das Meer. Ein schwarzer Hund läuft ihnen hinterher.

– Wer ist das?

– Walter Kutschmann.

– Dieser Mann ist Kutschmann?

– Das ist er, mein Lieber.

Natürliche Bräune, entspannter Gesichtsausdruck, etwas lächerlich mit einem Spielzeug-Rettungsreifen auf dem Arm.

– So etwas hat niemand, mein Lieber. Kutschmann ließ sonst keine Fotos von sich machen.

Es ist das Bild eines Touristen ohne Geschichte.

Es ist nicht zu glauben, dass die Vergangenheit dieses Mannes zu einer Grube toter, verdrehter Körper führt, die in der Reihenfolge ihres Sturzes darin verscharrt sind.

– Wer hat Ihnen dieses Foto gegeben?

– Ich habe es aufgenommen. Ich habe mit ihnen zusammen Urlaub in Miramar gemacht.

– Die Frau ist die Ehefrau?

– Geralda.

Hervorstehende Wangenknochen, großer Mund, zusammengebundene Haare, sie durchbohrte die Linse mit ihrem arroganten Blick.

– Für mich war sie an den Konzentrationslagern beteiligt.

– Warum?

– Sie hatte eine Organisation gegründet, um Hunde zu schützen. Jedoch gab sie ihnen Spritzen und schaute dabei zu, wie sie langsam starben.

– Hat sie Ihnen das erzählt?

– Nein, ich habe es selbst gesehen, mein Lieber. Ich habe es verabscheut, ich bin ein großer Tierfreund.

– Warum hat sie sie getötet?

– Sie hat es mir nicht gesagt, und ich habe sie auch nie danach gefragt. Sie war eine unangenehme Frau und ich zog es vor, mit Kutschmann zu reden.

– Warum?

Das untergehende Licht am späten Nachmittag hatte eine Atmosphäre heimlicher Identität geschaffen.

– Er war anders, höflich, er hatte großes Vertrauen zu mir. Er erzählte mir, dass Geralda einen amerikanischen Pass hatte und er für einen Nachrichtendienst arbeitete. Er sagte mir nicht, für welchen, aber das kannst du dir ja vorstellen. Die Amerikaner brauchten die Deutschen für ihre Kämpfe mit den Russen.

– Wie haben Sie ihn kennengelernt?

– Er hat meine Anzeige in der Zeitung Tageblatt gelesen, als ich damals als

Taxifahrer gejobbt habe. Er rief mich an. Er stellte sich als Herr Pedro Olmo vor, und das war irgendwie komisch. Das ist ein spanischer Name und ich arbeitete für die Deutschen.

– Wozu hat er Sie angerufen?

– Wegen der Arbeit. Ich holte ihn von seiner Wohnung ab und brachte ihn zur Deutschen Transatlantischen Bank zum Plaza de Mayo. Das war die erste Reise.

Walter Kutschmann gehörte der Gestapo an. Er war verantwortlich für das Konzentrationslager in Brezany in Polen, und er wurde wegen seiner Kriegsverbrechen angeklagt: Er tötete tausendfünfhundert Zivilisten, und ließ laut Zeugenaussagen zuvor sein eigenes Grab schaufeln. Er nahm als Flieger der Legion Condor im spanischen Bürgerkrieg an der Seite der Frankisten teil. Er warf Bomben auf die Zivilbevölkerung ab. Für Pablo Picasso waren Männer seiner Art die eigentlichen Autoren von Guernica. Er wurde nie verurteilt.

– Kannten Sie Kutschmanns Haus?

– Am ersten Tag, als ich ihn abholte, bat mich seine Frau rein. Wir tranken zusammen Kaffee und haben geredet. Gerade das fiel mir auf, da ein Kurier so eigentlich nicht bezahlt wird.

Er rauchte völlig entspannt, der Klang seiner Stimme war vertrauensvoll. Er erkannte die Verbindung unter Nazi-Flüchtlingen in Argentinien ganz offen an. Von Kutschmann bekam er Fakten. Den falschen Namen Pedro Olmo. Die Adresse in Buenos Aires Sucre 2707. Den Urlaubsort Miramar. Die Automarke Mercedes Benz. Die Hunde, die von Geralda vergiftet wurden. Er beschrieb seine Wohnung als ordentlich und sauber, die Wände waren geschmückt mit Fotos von Hitler und Göbbels. Er schien bereit, die ganze Geschichte zu erzählen, aber sie war eine Fata Morgana. Er behielt das Beste für sich.

– Es gibt etwas, das nicht schlüssig ist, Bittner. Sie sagten, dass Sie in Argentinien das Leben eines gewöhnlichen Mannes führten, aber die Nazis gaben Ihnen doch Arbeit. Wie passt das zusammen?

– Wie meinen Sie das?

Er rührte sich nicht.

– Das erschließt sich mir selber nicht, mein Lieber. Es war alles sehr seltsam, Kutschmann war keineswegs auf ein Taxi angewiesen, gesundheitlich war er topfit und hätte ja Auto fahren können. Ich glaube, die Organisation informierte ihn über mich, denn wenn sie es nicht tat, wäre es noch absurder.

Ich habe auf eine Möglichkeit hingewiesen.

– Sie brachten ihn zu einer Bank, und das heißt Geldbewegung. Hat er dafür ein Taxi oder einen Leibwächter bestellt?

– Das weiß ich nicht – sagte er mit einem Lächeln, etwas Ungewöhnliches an ihm.

Die Straßenlaternen fingen an zu leuchten. In der Dunkelheit der Küche sah er aus wie eine verschwommene Silhouette.

Durch das Fenster war wieder der zweideutige Mann zu sehen, der das Gespräch dann weiterführte, wann er es wollte.

– Da haben Sie zwei Fotos von Kutschmann. Warum zeigen Sie sie nicht Wiesenthal und fragen ihn, wer dieser Mann ist?

Im sechsten Stock von Maipú 853, der Stadt Buenos Aires, hatte das Simón-Wiesenthal-Zentrum seinen Hauptsitz. Sergio Widder repräsentierte die Organisation in Südamerika. Er hörte eine zusammengefasste Version der Geschichte. Keine Antwort … Schweigen. Er schnappte sich die Fotos. Er fragte: „Ist dieser Mann Kutschmann?“ Er sah sich die Fotos aus verschiedenen Blickwinkeln an. „Kann ich eine Kopie davon machen?“, fragte er. Er machte sie. Sie sollte ans Zentrum in Paris übermittelt und mit der Datenbank der Kriegsverbrecher verglichen werden. Er versprach, mir zu antworten, ich erhielt aber nie eine Antwort.

# 4. Die Familie

Inge Bartnik ist eine reife Frau mit graublauen Augen und großen Zähnen, die in einem makellosen Gebiss nebeneinander aufgereiht sind. Sie lächelt über das ganze Gesicht. Eine dicke Schicht Make-up erweicht ihre Falten an Mund- und Augenrändern. Der rote Cordsack passt zu den Puppenlippen. Anhand des Fotos, das sie für ihr Facebook-Profil ausgewählt hat, kann man davon ausgehen, dass es sich um eine kokette Frau handelt.

Als sie in den Vereinigten Staaten lebte, arbeitete sie als Stewardess auf einem Luxusdampfer, der in die Karibik segelte. Sie wurde müde von der Arbeit auf dem Wasser und kehrte zurück an Land; ihrem Land. Nach Cuxhaven, wobei sie aber in Bremen lebte, entlang der Autobahn A27, hundert Kilometer südlich von Cuxhaven entfernt. Dort gründete sie ein Nagelstudio. Und verhilft Frauen zu schöneren Nägeln. Ein Handwerk, das viel Geduld und ein gutes Auge erfordert.

Inge ist Leserin der Cuxhavener Nachrichten. Als sie 2001 Bittners Foto darin sah, war sie geschockt. Auf einer Seite der Tageszeitung sah sie ihren Bruder als reifen Mann von achtundvierzig Jahren. Sie hatte ihn für tot gehalten, gedacht, dass er in seinen Dreißigern an irgendeinem Ort im Mittleren Osten gestorben sei. Durch die Zeitung hatte sie erfahren, dass er mit siebenundsechzig Jahren in Argentinien lebte.

Am Anfang sagte sie verschiedene Dinge derselben Art zu sich, wie „das ist ein Fehler, ich gucke wohl nicht richtig“, „bin ich jetzt verrückt geworden“? Danach rief sie in der Redaktion der Tageszeitung an und Christian Mangels bestätigte die Neuigkeit. Ihr wurde die komplexe Bedeutung des neuen Geschehens bewusst. Sie war die Überträgerin der unerwarteten familiären Aufdeckung und musste sie weiterleiten. Er hatte eine Frau, einen Sohn namens Herbert, eine Nichte von einundzwanzig Jahren und einen Neffen von neun Jahren. Auf der anderen Seite des Planeten lebte der Opa, das war die Neuigkeit.

Einen Monat später schickte sie mir eine E-Mail. Sie stellte sich als fünfundfünfzigjährige Frau vor. Das letzte Mal, als sie mit Bittner sprach, war sie neunzehn Jahre alt. Sie sei sein Schwesterlein: “Wir hatten nicht dieselben Eltern, aber wir sind zusammen aufgewachsen und ich liebte ihn wie meinen Bruder. Er ist mein Bruder. In der letzten Zeile bat sie mich um einen Gefallen: „Können Sie mir Herberts Adresse schicken. Sagen Sie ihm bitte, dass der Sohn seinen Vater sehen möchte.“

Ich konnte ihr noch nicht einmal eine einfache Erklärung abgeben. Ich antwortete knapp und log sie dabei an. Ich sagte, dass er verreist sei und dass ich ihm nach seiner Rückkehr die Nachricht weiterleiten würde. Ich begann, nach ihm zu suchen.

Ich war in eine Geschichte des Typs „Menschen suchen Menschen“ hineingeraten, und von den Nazis – keine Nachricht.

Der erste Versuch erfolgte über die Adresse in seinem Pass von 1982: Calle 15 de Noviembre al 1200, Stadt Buenos Aires. Die Telefonnummer war auf den Namen einer Frau mit spanischem Nachnamen ausgestellt. Der Dialog war kurz.

- Sprechen Sie – sagte eine Frauenstimme.

- Kann ich mit Herbert Bittner sprechen?

– Warten Sie.

Schritte, die sich entfernen. Eine Tür öffnet sich und schließt danach. Hintergrundgeräusche. Die Schritte kommen zurück.

– Rufen Sie nicht mehr an – sagte sie und legte auf.

San Cristóbal sah aus wie das alte Foto eines grauen Viertels, das gerade Mittagsschlaf hält. Es war ein Hundesonntag. Zur einen Seite die Gitterfenster der Straße Rincón und zur anderen das von der Kälte verwelkte Gras des Garay Platzes. Wind und Sprühregen. Nicht eine Menschenseele kam mir entgegen. Ich parkte vor einem Müllcontainer gegenüber eines rosafarbenen zweistöckigen Hauses. Dort wohnte Herbert Bittner. Es ist die letzte registrierte Adresse vom argentinischen Staat. Erdgeschoß mit doppelflügeliger Metalltür und Gitterfenster.
Balkon und zwei Fenster im ersten Stock, eins mit einer halb geöffneten Jalousie. Auf dem Bürgersteig neben der Tür lag ein Löffel, eine Dose Wasser und ein Teller mit Essen. Ein Hund mit rotbraunem Fell schlief auf einer Decke, Tauben flogen um ihn herum.

Ich schloss aus, dass Bittner in diesem Haus wohnte. Daten, die die Agentur zur Geldsammlung hatte, waren alt und unvollständig. Sie ignorierte sowohl die Beschäftigung als auch den Familienstand. Es gab weder Auskünfte über Rentenbeiträge noch über die Krankenversicherung. Er hatte von seinem Kräuterhandel nie Beiträge abgeführt. Ich war zwanzig Jahre jünger als er. Ich fing an, Fotos vom Haus zu machen, sozusagen als Erinnerung.

Die erste Aufnahme ist eine ganz gewöhnliche, vom Hund und den Tauben davor. Ein statisches Bild. Beim zweiten bewegt sich etwas. Die Tauben fliegen dicht über dem Boden. Die Tür öffnet sich halb. Im Sucher wird ein Gesicht angezeigt. Es ist eine Frau. Langes, glattes, braunes Haar. Braune Nylonjacke und Rollkragenpullover. Sie trägt zwei Müllsäcke in der Hand. Die Verwirrung in ihren Augen blieb auf Foto drei festgehalten.

Sie überquerte die Straße und hob den Containerdeckel hoch. Sie warf die Säcke in den Container, ansonsten tat sie nichts. Ich sah sie im Spiegel von hinten, regungslos wie ein Bildnis im Regen. Sie war eine kleine Frau von ungewissem Alter.

- Guten Tag, verehrte Frau. Ich suche einen Deutschen namens Herbert Bittner – ich drehte mich um. - Er könnte in diesem Haus gewohnt haben …

- Wer fragt danach?, sagte sie plötzlich.

Kein Nazi. Ein Journalist, der an der Geschichte über einen Radfahrer interessiert ist.

- Vor vielen Jahren hat er eine Reise nach Australien gemacht …

- Aber er kam nicht an – unterbrach sie. Die Reise endete in Indien.

Wir suchten Schutz vor dem Nieselregen unter dem Balkon eines alten Hauses. Niemand überquerte den Bürgersteig. Niemand erschien am Fenster. Wir plauderten lange Zeit in der Einsamkeit. Sie wollte wissen, wer ich war, und ich wollte natürlich wissen, wer sie war. Das Misstrauen war gegenseitig.

- Wissen Sie, was los ist? Wenn sie in meiner Familie hören, dass ich mit einem Journalisten rede, werden sie wütend sein.

– Haben wir so einen schlechten Ruf?

Sie schrie: „Lass das, Toby.“

Der Hund war aufgewacht und rannte zu den Tauben. Erste Information: Er hieß Toby.

Sie hob ihren Blick, als ob sie einen Ort in der Luft identifizierte und sagte:

– Schauen Sie, er hat viele Sachen im Leben gemacht und es gab hier Leute, die Fragen gestellt haben.

Zweite Information: Es gab jemand anderen hinter den Fußstapfen des Deutschen.

– Wer waren diese Leute?

Es konnte die Anspannung gewesen sein. Es konnte die Kälte gewesen sein. Sie drückte die eine Hand heftig gegen jeden einzelnen Finger der anderen Hand. Sie blieben nacheinander weiß, blutleer.

– Was wollten sie?

– Sie suchten ihn und seine Papiere. Ich bitte Sie um Entschuldigung, fragen

Sie nicht weiter.

Die Haare bedeckten ihr Gesicht und versteckten ihr Alter. Sie war eine jener Frauen, die auf Strecken altern.
Sie erreichen einen Punkt und bleiben ab da unverändert, wie ein Zug, der sich auf jedem Bahnhof auf unerklärliche Weise verspätet.

– Bleiben Sie ruhig.

Sie gab mit keiner einzigen Geste zu verstehen, dass die Unterhaltung beendet war. Sie wollte keine Fragen über Bittner hören; mit allen anderem war sie einverstanden.

Sie hatte nicht die harte Stimme aus Buenos Aires, ihre klang wie die eines Vogels, der die Worte überfliegt.

– Sind Sie Chilenin?

Sie lächelte halb verklemmt, als ob man bei ihr einen Liebesbrief entdeckt hätte.

Sie war die chilenische Freundin. Sie wusste es nicht, aber als sie ihre Geschichte erzählte, bestätigte sie, dass sie die Freundin von Bittner war. Im November 1967 kam sie mit ihm zusammen nach Argentinien. Sie war Krankenschwester und arbeitete in Buenos Aires als Yoga-Lehrerin. Sie sprach von Buddha, von Zen und den orientalischen Meistern. Sie teilte sozusagen ihr Wissen:

– Das Sein ist Schmerz. Das eigene Sein zu entdecken, bedeutet den Schmerz zu verstehen.

Sie teilte mit, dass sie mit fünfzehn Katzen und sieben Hunden lebt.

– Es gibt solche, die sich den Pflanzen widmen, andere wiederum den Kindern. Mich berühren die Tiere. So bin ich.

Es gefällt ihr, sie mit himmlischen Namen zu taufen: Ra, Sol, Venus, Osiris.

Beethovens vierzehnte Klaviersonate geht ihr unter die Haut. Nachmittags hört sie Bach-Oratorien.

Als sie sich herausgefordert fühlte, enthüllte sie ihren Namen: Silvia.

– Darf ich Ihnen eine Frage stellen, Silvia?

Sie zögerte.

– Ich sollte es nicht tun, aber es wird die letzte sein.

– Was sind Sie für Bittner?

– Ich war seine Ehefrau. Fragen Sie nicht weiter.

– Haben Sie so schlechte Erinnerungen an ihn?

– Wenn Sie wüssten … Ein komplizierter Mann, immer auf Reisen, mysteriös. Als wir nach Argentinien kamen, arbeitete er mit einer Person, die im Fernsehen erschien, und sehr berühmt war. Ich wollte, dass er mit ihm weitermacht, damit er ein normales Leben führen kann, aber sie haben sich gestritten.

– Wer war das?

– Sicher kennen Sie ihn, Federico Klemm.

Dieser Name klang wie ein Kreuz im Kiefer.

– Bittner erzählte mir von Klemm, und auch von einem bestimmten Haller …

– Ich habe Ihnen schon viel erzählt. Entschuldigen Sie mich, ich gehe jetzt rein.

– Ich frage Sie nichts mehr, aber lassen Sie mich Ihnen etwas erzählen.

Ich erzählte ihr von der Tour nach Australien in der Cuxhavener Zeitung. Von seinem Weltrekord im Radrennen. Von Inge, der Schwester, die jahrelang auf Meldungen gewartet hatte.

Ich schrieb die Nummer auf, die sie anrufen könnte, falls sie ihre Meinung ändern würde. Ich packte sie, das war ein gutes Zeichen.

– Herbert hat eine Schwester in Deutschland? Sie versteckte die Überraschung durch ihren Blick nach unten aufs Papier.

– Ja, und die Familie möchte etwas über ihn wissen.

Sie war an einem Punkt, etwas zu sagen. Es gab einen Moment des Bedauerns. Sie überquerte die Straße im Nieselregen.

– Wo kann ich ihn treffen?, rief ich vom Bürgersteig aus.

Sie horchte nicht auf. In der Tür des rosafarbenen Hauses verabschiedete sie sich mit ausgestreckter Hand nach oben.

# 5. Südamerika

Mit dem Gesicht nach unten auf dem Boden liegt er da wie tot, vor dem Eingang des Englischen Tempels in Montevideo. Er ist bewusstlos. Seine Hände und Füße sind gefesselt, ein schwarzer Teerfleck auf seiner Stirn, auf seinem Rücken ein handgeschriebener Zettel: "Das ist eine Warnung an alle verdammten jüdisch-bolschewistischen Agenten. Heil Hitler." Das Foto der Agentur Associated Press, das in den frühen Morgenstunden am Montag, den 19. September 1966 an seine Abonnenten rausgeschickt wurde, machte Bittner zur Schlagzeile in der Weltpresse.

Eine Woche lang berichteten alle internationalen Agenturen – United Press, Reuter, Deutsche Presse, ANSA, Associated Press – über das antisemitische Attentat in Montevideo, dem ein deutscher Staatsbürger zum Opfer gefallen war. Es gab viele Gerüchte und Spekulationen. In Buenos Aires veröffentlichten die Zeitungen eine Geschichte, die sich im Laufe der Stunden in ihrer Ausrichtung veränderte. Die Presse: Der Agent einer jüdischen Organisation wurde in einem schlimmen Zustand vorgefunden. La Nación: In Montevideo ereignete sich eine seltsame Polizeiepisode. Clarin: Das Verhalten des geknebelten Deutschen erweckt Zweifel. La Razón: Ein unklarer Fall. Noch heute kann man die Meldung auf der Webseite der Jewish Telegraphic Agency von New York lesen: Herbert Bittner, 31 Jahre alt, befand sich heute in einem kritischen Zustand, nachdem er von unbekannten Angreifern zusammengeschlagen wurde, man geht dabei von Nazis aus.

Nelson Dominguez war Chronist für die Rubrik Polizei der Tageszeitung La Manana. Er nahm das Telefonat entgegen und hörte die Stimme eines Mannes, der sich nicht ausgab.

– Wir haben den Leichnam eines Juden, der auf dem Bürgersteig vor dem Englischen Tempel lag, entsorgt.

Die Zeitung Dominguez kam in Begleitung eines Fotografen zum Tatort. Sie bestätigte den Fall und verständigte die Polizei. Bittners Leichnam wurde mit dem Streifenwagen ins Krankenhaus Hospital Maciel gebracht. Dominguez hinterher. Durch eine Krankenschwester erfuhr sie zeitnah, dass er das Bewusstsein wiedererlangt hatte, dass er Deutscher ist, kein Spanisch spricht und als Tourist nach Uruguay eingereist war.

Der Fall löste einen internationalen Skandal aus. Uruguays Innenminister Nicolás Storace Arrosa wollte eine Erklärung abgeben: Er war auf dem Weg zur Postzentrale. Unterwegs wurde er von einem Fremden überrascht, der ihn wortlos angriff. Ab diesem Moment gab es keine Erinnerung mehr.

Von der Intensivstation entlassen, brachte man ihn in eine Gefängniszelle auf der Polizeistation. Nach fünf Tagen kam er ohne Anklage frei und die Geschichte des Deutschen geriet in Vergessenheit. Wer war er; wer verübte das Attentat, warum wurde er festgenommen. Nicht eine der Fragen konnte beantwortet werden. Der Fall löste sich auf wie Aspirin, aber die zweite Information der Chroniken und Sender blieb der Saft der Geschichte. Die Presse sagte über Bittner: Durch die Stempel in seinem Reisepass erfuhren wir, dass er zu beiden Seiten des Eisernen Vorhangs reiste. Womit er reiste, ist nicht bekannt. Er zeigte ein großes dialektisches Geschick in den Verhören. Der Portier vom Viking Hotel bezeichnete ihn als einen zuverlässigen Zahler. Er führte Freundschaften in der Unterwelt. Er rollte den Namen einer Frau, Ana Maria, Arbeiterin in einem heruntergekommenen Imbiss am Hafen. In seinen Habseligkeiten wurde ein Telegramm gefunden: „24/8 in Montevideo mit Pan American. Uruguay. Ich warte auf Aufträge."

Als es dunkel wurde, kam er zur Sache. Er trank Bier oder suchte die Papiere zusammen, er würde einmal wiederkommen. Wir schließen die Wohnung ab und gehen nach unten. Zwei Fremde vereint durch eine Geschichte auf der Suche nach einer Bar. Gegenüber vom Luna Park sah er Licht in einem der Büros. Er bestellte an der Bar und lehnte sich bequem ans Fenster.
Während er darauf wartete, dass die Flasche zu ihm gebracht wurde, klopfte er mit den Knöcheln auf den Tisch.
Er füllte zwei Gläser und trank seins in einem Zug aus. Er bestellte das nächste und fragte:

– Willst du nicht, mein Lieber?

Zu dieser Uhrzeit waren keine Büroangestellten mehr da. Nur noch Menschen, die auf der Suche nach einer Prostituierten oder Krawall waren, und Rentner. Tagsüber war es eine Bar, nachts ein Cocktail-Lokal. Bittner zog die Aufmerksamkeit auf sich. Er schrie und gestikulierte, wie man das ansonsten in der Küche einer Suipacha-Wohnung tat.

Er kam nach Montevideo, um zwei Aufträge zu erfüllen: Ein Schiff und sichere Dokumente beschaffen. Die Organisation untersuchte eine interne Unterschlagung. Die Nazis hatten untereinander geklaut. Den lokalen Kontaktmann, der Bihari, Bijari oder Bijarri heißen könnte, stellte er etwas beschämend vor:

– Er war Jugoslawe, der …, gut, ein Jugoslawe, der Waffen herstellte und er hatte einige Entführungen vorgetäuscht, aber er gehörte nicht der Organisation an.

Bittner forderte weder das eine noch das andere von ihm. Der Jugoslawe sollte Aufzeichnungen von Banküberweisungen aus Chile stehlen und den Kapitän eines Kutters überzeugen, zu den Südatlantischen Inseln zu segeln. Die Organisation untersuchte Geschehnisse aus dem Jahr 1944. Weihnachten hatte ein U-Boot den Hafen von Bremerhaven mit einer Beute an Bord verlassen, um sie zu verteilen. Schmuck, Kunstwerke, Geld.

In den Fjorden von Punta Arenas im Süden Chiles musste er aussteigen. Das Ziel für einen

Teil des Vermögens war Argentinien. Die Organisation wollte wissen, warum es dort nicht angekommen war: Ist es auf dem Weg dorthin verlorengegangen oder wurde es gar nicht dorthin verschickt? Damals behauptete ein Brite, den Rumpf eines Nazi-U-Bootes auf den Georgischen Inseln im Süden gesehen zu haben, als es auf Grund gelaufen war. Der Jugoslawe schaffte es, den Kapitän des Kutters zu überzeugen.

– Die Organisation schickte einen Tschechoslowaken und der fand keine Spur von einem U-Boot. Das Einzige was er sah, waren Rümpfe von Walfangschiffen. Daher brauchten sie die Transfers.

– Warum?

– Warum? Weil jeder weiß, dass das Schwarzgeld von Südamerika durch Uruguay geht. Gut, das der Organisation ebenfalls, mein Lieber. Du kannst dir gar nicht vorstellen, wie viele hohe Männer der Gesellschaft von dem geraubten Geld lebten.

Er nannte einen Namen: Walter Rauff, SS-Kommandeur. Es gefiel ihm, Whisky zu trin-

ken und sich in Grün zu kleiden. Während des Nationalsozialismus schuf er ein mobiles Vernichtungssystem. Einen Lastwagen mit geschlossenem Aufbau, in den Auspuffgase eingeleitet wurden. Sie verluden Menschen. Und ließen sie als Leichen raus. Man nannte ihn – den Seelensauger. Laut den Zeitungen BILD, deutsch, und Haaretz, israelisch, arbeitete er in der Nachkriegszeit als Agent für den deutschen und israelischen Geheimdienst. Die Information stützte sich auf ausrangierte CIA-Dokumente.
Er hat als Verwalter auf Farmen gearbeitet, und ist auch Fischunternehmer gewesen. Er lebte in Punta Arenas. Seine Identität verheimlichte er nie.

– In Chile verwaltete er das Geld in der Organisation, deswegen haben sie die Überweisungen benötigt.

– Und was haben sie dabei herausgefunden?

– Das weiß ich nicht, es gab ein Problem.

– Welches Problem?

– Ich bin Opfer eines Attentats gewesen.

Eine Blondine im Minirock trat ein, weiter Ausschnitt und Stöckelschuhe, den Gästen in der Bar verschlug es den Atem. Bittner bestellte noch ein Bier.

– Die Polizei ermittelte gegen mich, es gab einen wahnsinnigen Wirbel. Im Kerker spionierten mich die Amerikaner durch das Guckloch aus.

Er schlug mit der Faust auf den Tisch. Er lachte unkontrolliert. Der an der Bar, der Kellner und die Katze schauten ihn verständnislos vom Tresen aus an.

– Was fragten die Sie?

– Sie wollten wissen, ob ich Kommunist bin. Da ich das Motiv meiner Reise nicht verraten konnte, machte ich mit der Geschichte vom jüdischen Attentat weiter. Zum Schluss mussten sie mich freilassen. Sie wussten weder, wer ich war noch dass ich der Organisation angehörte.

– Und wer hatte Sie attackiert?

– Ich weiß es nicht, die Frage stelle ich

mir noch immer. Ich denke, dass mich der Jugoslawe an jemanden verraten hatte oder ich wurde mit einer anderen Person verwechselt. Es bleibt ein Mysterium.

– Jetzt aber mal gut, Bittner, wie lässt sich all das beweisen?

– Suche in den Tageszeitungen, du wirst danach ein Fest feiern.

Er hat sich an keine Termine erinnert. Die zweite Hälfte in '66 oder die erste in '67 als einzige Referenz. Aber er hatte recht, die Nachricht war in der Presse.

– Hier beginnt der Tanz, mein Lieber. Habe ich dir von den Chilenen erzählt?

Der Kellner trug eine solche Nase, die aussah, als sei sie mit einem Stampfer geschlagen worden, und er hatte dazu noch den Blick eines Säufers. Er war träge. Kam ein Stammkunde herein, nannte er ihn bei seinem Spitznamen. Lagarto, Mudo, Pitufo. Finstere Gestalten. Durch ein Kopfnicken markierten die anderen diese Neuigkeit. Manchmal stellte er sich vor, dass der Deutsche ein alter berühmter russischer Boxer war. Bittner wusste das nicht. Auf seiner Stirn glänzten Schweißtropfen. Er schien nicht müde zu sein.

Er kam mit dem Auftrag nach Santiago, die nationalsozialistische Partei zu unterwandern. Die chilenischen Nazis waren komische Menschen. Einsam marschierten sie in Reih und Glied vorbei, in einer Uniform aus der Atacama Wüste, im Takt zu den Märschen des III. Reiches. Bei Schönheitswettbewerben wählten sie die schönste Miss Nazi des Landes, das wurde im Fernsehen übertragen. Sie haben fünfzehntausend Unterstützer gehabt. Einige führten Gerichtsakten wegen ihrer paramilitärischen Tätigkeit, so wie der Mörder von General René Schneider, oder der Journalist Charles Horman aus der Erzählung im Film Missing von Constantin Costa-Gavras.

Er legte das Interview aus der Zeitschrift Ercilla auf den Tisch.

– Lesen und notieren Sie die Namen. Recherchieren Sie. Sie werden sehen, dass sie existierten.

Es gab zwei: George Rockwell, der Gründer der amerikanischen Nazi-Partei, und Franz

Pfeiffer, der chilenische Staatsbürger deutscher Abstammung und Führer der Nationalsozialistischen Partei Obrero.

– Ich stellte mich in der Parteizentrale vor und bat um ein Treffen mit Pfeiffer. Ich sagte, wer ich war, und zeigte die Anmeldeinformationen. Bereit.

Der Treffpunkt für die Parteimitglieder war ein zweistöckiges Haus im Zentrum von Santiago. Flagge, Schild, Portraits, Bibliothek. Alles ging um Nazis.

– Wovon reden Sie?

– Ich bot ihm Schulungen, Werbung und finanzielle Hilfe an.

– Und, glaubte er das?

– Natürlich, es war eine Falle, aber sie hatte etwas Wahres. Ich gehörte einer Nazi-Organisation an, er wusste weder, wer sie war noch stellte er sich meine wahre Absicht vor.

– Und was war Ihre Absicht?

– Sie zu untersuchen und zu zerstören. Dazu musste ich eindringen. Um unseren Pakt voranzubringen, musste ich Bedingungen stellen. Die Organisation kennen und Deutschland informieren. Pfeiffer nahm das gerne an.

– Ich verstehe Sie nicht. Wenn er Nazi war, warum haben Sie ihn dann angeworben?

– Hören Sie zu, ich erzähle es …

Aus der Küche kam ein penetranter Geruch von frittierten Empanadas. Er bestellte sechs und noch ein Bier. Er trank es wie Wasser.

Die chilenischen Nazis waren Clowns, so wie Rockwell. Das Einzige, was sie gemacht haben, war, die Presse auf sich zu lenken.

Rockwell finanzierte Pfeiffers Tätigkeit in Chile. Er war wie kopiert. Sie nannten sich Kommandanten. Sie trugen braune Hemden, Armbänder mit Hakenkreuz. Beide strebten nach einem Reich der freien Wirtschaft.
Durch ihre Taten oder ihr Fehlverhalten landeten ihre Parteigänge in den Medien. Ein Beispiel: „Der chilenische Naziführer, der vom

amerikanischen Führer Rockwell abhängig war, wurde verhaftet, weil er versuchte, das Gebäude eines jüdischen Eigentümers abzubrennen", diario ABC, Madrid, 1965.

Die Organisation wollte, dass die Presse die Nazis vergisst. Rockwell und Pfeiffer brachten sie dauerhaft in Erinnerung. Das war der Konflikt.

– Sie sagten, dass Sie nach Chile kamen mit der Aufgabe, sie zu zerstören. In welchem Sinn?

– Ich erhielt den Befehl, in irgendeinem Medium zu veröffentlichen, dass die chilenischen Nazis nichts mit deutschen Nationalisten zu tun hatten.

Bittner war die Nachricht.

– Ercilla?

– Stimmt. Ich hatte herausbekommen, dass die Zeitschrift von einer jüdischen Frau geleitet wurde, Vexler. Ich konnte mir gut vorstellen, dass sie sich für ein Interview mit einem Deutschen, der schlecht über die chilenischen Nazis spricht, interessieren würde. Ich stellte mich in der Redaktion vor, und schlug ihr eine Reportage vor.

Erika Vexler war die stellvertretende Direktorin von Ercilla. 1970, nach dem Sieg des Sozialisten Salvador Allende, kehrte sie Chile den Rücken, und radikalisierte sich in Israel. Themen über Sicherheit und Spionage widmete sie besondere Aufmerksamkeit. 2010 verstarb sie an einem Lungenödem.

– Sie empfing mich in ihrem Büro. Sie legte ein Zeitschriftenexemplar auf den Schreibtisch und stellte sich vor. Ich weiß nicht, ob sie an meine Geschichte glaubte, aber als sie mir zuhörte, war das Erste, was sie tat, einen Fotografen anzurufen.

Vexler beschrieb die Präsentation in ähnlicher Weise. „Der blonde Mann kam plötzlich mit der Kopie von Ercilla, in der Pfeiffers Nazis auf dem Cover erschienen.“ Eine Woche später hing Bittners Gesicht in allen Kiosken von Chile.

Die Aufgabe, so wie er sie erzählte, beschränkte sich auf die Täuschung. Von Pfeiffer zog er die Information heraus, die er später an Vexler weitergab. Er denunzierte die chilenischen Nazis, um deutsche Kriegsverbrecher zu schützen. Was jedoch wirklich passierte, war noch viel mehr. Pfeiffers Autobiografie, dreißig Jahre Erinnerungen, wurde in einer halb geheimen Ausgabe mit zweihundertfünfzig Exemplaren veröffentlicht und vervollständigte Bittners Geschichte. Sie beschrieb ihn als „ein Deutscher, der mit der Unterwelt verbunden ist". Die Autorin schrieb ihm das Attentat zu, durch das am frühen Morgen des 4. Juli 1967 das Partisanengebäude zerstört wurde. Es waren drei Bomben. Dokumentation, Geld, Uniformen, Möbel. Alles war abgestaubt. Es war der Anfang vom Ende der Partei. Ein paar Tage später traf ein Scharfschütze Rockwells Kopf und der Kommandant lag tot auf einer Straße in Arlington.

Das Attentat und der Mord passierten auf die gleiche Weise, wie ein lang anhaltender Hauch des Zufalls.

Vexler überbrachte die Einladung. Ein Minister wollte ihn kennenlernen. Bittner dachte, eine Absage würde ihn verdächtig machen, und er somit Gefahr laufen würde, untersucht zu werden. Vor der Tür der Redaktion Ercilla wartete ein Auto mit Chauffeur und Begleiter auf ihn. Die Reise zum Treffpunkt verlief schweigsam. Bittner sprach kein Spanisch.

Das Büro wurde von einem großen Schreibtisch im spanischen Stil dominiert. Dahinter streckte ein schlanker Mann mit pechschwarzen, glatt gekämmten Haaren und ernstem Gesicht seine Hand aus. Neben ihm der Übersetzer. Dreißig Jahre später, als er die Dinge erzählte, erinnerte sich Bittner weder an seinen Namen noch an den des Ministers.

Er versuchte es mit einem Nachnamen: Germona.

Der Anfangsbuchstabe war nicht G, sondern C. Juan de Dios Carmona Peralta, Verteidigungsminister und chilenischer Politiker mit langer Geschichte. Am Anfang war er Gesetzgeber der Christdemokratie, mitwirkend am Untergang des Militärdiktators Augusto Pinochet. Von ihm waren die Nachrichtendienste abhängig.

Carmona hatte das Interview in Ercilla gelesen und fand darin etwas, was sein Interesse weckte: Bittner. Er recherchierte über ihn. Er überprüfte seine Identität durch die Einwanderungsbehörde. Zwei Agenten verfolgten seine Schritte nach Santiago und deckten die Beziehung mit Silvia auf, einer jungen Krankenschwester im Krankenhaus Salvador. Sie recherchierten über sie. Sie stammte aus einer Bauernfamilie in Linares, im Süden Chiles.

Priorität für den chilenischen Geheimdienst hatten damals Deutsche mit viel Geld, die ein mysteriöses Landgut besetzten, das sich dreihundert Kilometer südlich von Santiago befand. Um herauszubekommen, was dort im Inneren vor sich ging, erstellten sie einen Plan. Deshalb bestellte Carmona Bittner in sein Büro.

Das Treffen hatte einen außergewöhnlichen Charakter, der das Geschehen der nachfolgenden Ereignisse erklärt. Es basierte darauf, was der eine vom anderen ignoriert wurde. Carmona wusste nicht, dass Bittner einer Hilfsorganisation für Nazi-Kriegsverbrecher angehörte. Bittner ahnte nicht, dass Carmona ihm ein Angebot machen würde, das er nicht ablehnen konnte.

– Sehr freundlich, Kaffee, hier mein Herr, bitte, mit einer großen Zeremonie bot er mir Geld und eine Wohnung an, in der ich mit meiner Freundin leben konnte.

– Im Austausch wofür?

– Menschenskind ..., ich sollte mich in die Colonia Dignidad einschleusen und ihm Informationen liefern.

Der chilenische Staat brauchte vier Jahrzehnte, um sich auf offizielle Weise darüber zu informieren, was sich im Inneren der Colonia Dignidad abspielte, auf einem Grundstück von dreitausend Hektar, das heute in Villa Baviera umbenannt ist. Geheimes Lager für Gefangene und Folter, Labor für Kriegs-, Spionage- und Rüstungszwecke. Aber auch Herberge der Colonos, viele Deutsche, Erwachsene und Kinder, die perversen Gewaltverbrechen zum Opfer fielen.

Im Juli 1967, zum Zeitpunkt des Treffens zwischen Bittner und Carmona, begann sich die Geschichte von selbst zu schreiben. Der Auslöser war Wolfgang Müller, ein blondhaariger junger Mann von einundzwanzig Jahren, der verzweifelt in ein deutsches Altersheim nach Santiago kam, und sagte: „Ich bin ein Flüchtling aus der Colonia Dignidad." Er flüchtete vor Sklavenarbeit und sexuellem Missbrauch. Nachdem er eintrat, entschied ein deutsches Kommando, ihn wieder zurückzuholen. Schließlich kam die Polizei.

Oberst Emilio Oelckers, Leiter der Direktion für Ermittlungen, übernahm den Fall des einzigen verhafteten Deutschen.

Seinen Untergebenen erteilte er eine klare Anweisung: „Hier läuft keiner durch." Der Journalist Osvaldo Murray schrieb eine Chronik über die Fakten für die Tagezeitung, für die er arbeitete, aber La Tercera weigerte sich, diese zu veröffentlichen. Eine Woche später ging die Geschichte über die seltsamen Ereignisse in einer unbekannten Wohltätigkeitsgemeinschaft, die sich Dignidad nannte, durch Ercilla um die Welt.

Die Enthüllung löste ein stilles Gebot im Inneren der Sicherheits- und Geheimdienstorganismen aus.
Es gab zwei Möglichkeiten: Geheimhalten, so wie Oelckers es vorschlug. Oder politische, wirtschaftliche und persönliche Vorteile aus Carmona herauszuziehen, die schließlich überwogen. Ohne es zu wissen, stand Bittner inmitten der internen Querelen chilenischer

Geheimdienste.

– Carmona sah, dass ein verrückter Deutscher aufgetaucht war, der ich zu sein schien, und sagte: „Lasst uns ihn nutzen."

– Aber dann haben Sie sich doch eingeschlichen, man hat Sie nach keiner Information gefragt, die Sie nicht wussten.

– Warte, mein Lieber, das ist eine andere Sache. Ich gehörte meiner Organisation an und erhielt Aufträge, ich drang nicht einfach da ein, wo es mir gerade einfiel.

– Was antwortete er?

– Nichts, ich wollte darüber nachdenken. Er gab mir eine Frist und wir haben ein Treffen mit seinen Leuten am Hauptbahnhof in Santiago organisiert. Wir verabschiedeten uns sehr freundlich. Als ich von dort wegging, habe ich als Erstes die Organisation informiert.

– Haben Sie telefoniert, haben Sie mit

jemandem geredet, was haben Sie gemacht?

– Ein Telegramm von der Poststelle verschickt, mein Lieber, so wie immer. Die Kontaktmänner der Organisation tauchten danach auf.

– Wonach?

– Dem Telegramm.

– Welches Telegramm?

– Ich erkläre es dir. Ich kam mit einer bestimmten Aufgabe nach Chile, Pfeiffer. Daher brauchte ich keine Hilfe von niemandem. Die Kontaktmänner kamen, als das Problem auftauchte.

– Welches Problem?

– Garmona.

– Ich verstehe überhaupt nichts, erzählen Sie das noch mal.

– Ich konnte die Colonia Dignidad nicht

unterwandern, das war die Sache, mein Lieber. Als die Organisation wusste, dass Garmona wissen wollte, was dort drin passierte, verstanden sie, dass es ein Problem gab. Zuerst erhielt ich ein Telegramm mit dem Auftrag: „Geh nicht.“ Später erschien ein Kontaktmann, der mir Anweisungen überbrachte.

– Wer war das?

Er schaute sehr ernst auf die Straße. Er drehte sein Gesicht um, und nahm einen Schluck. Er war unentschlossen. Er ging mit seinem Daumen über die Lippe.

– Er hatte eine hohe Position bei der Polizei und arbeitete für die Organisation.

– Wie hieß er?

– Elcar.

– Falsch?

– Richtiger Name, ein Deutsch-Chilene, der bei einem Flugzeugunglück ums Leben kam.

Am 26. Mai 1969 um 9.46 Uhr verließ die Piper Aztec CC-ETA der Leitung der Ermittlungsbehörde den Flughafen El Tepual, in Puerto Montt, mit dem Ziel Santiago. Die Wetterbedingungen empfahlen, den Flug zu stornieren. Um 10.35 Uhr bemerkte der Pilot, dass er Valdivia überflog. Der Kontakt ging um 10.58 Uhr verloren. Die Überreste wurden an einem Felshang in der Nähe von Temuco gefunden. Unter den Opfern fand man den chilenischen Leiter der Untersuchungen, Oberst Emilio Oelckers.

Drei Jahre zuvor hatte Oelckers vergeblich versucht, die Beschwerde gegen die Colonia Dignidad zu verbergen, die in Ercilla veröffentlicht wurde. Er war ein stiller Unterstützer. Sein Nachname hieß auf Deutsch Elcar.

– Bittner, Sie sagten, dass Sie die Colonia Dignidad nicht unterwandern konnten, aber Sie erklärten nicht den Grund, der das verhinderte.

Er sagte etwas Unverständliches, es klang wie Fluchen und er schob sich dabei die Hand vor seine Stirn. Jetzt sah er müde aus.

– Weil die Organisation viel Geld in die

Colonia Dignidad gesteckt hatte, mein Lieber, das war das Problem.

Schreiend fragte er den Kellner, welche der drei Türen zur Toilette führte. Der Kellner zeigte auf die linke, er spielte den Führer von der Bar aus und folgte ihm mit seinem Blick.

– Hey, Dürrer … – eine Stimme ertönte vom hinteren Tisch.

Arbeitskleidung. Ein Firmenschild auf dem Hemd. Es waren zwei.

– Wie der Alte spricht! Ich verstehe gar nichts, er trägt einen Ohrring, und hat ein Glas Gin vor sich.

– Der hat nicht alle Tassen im Schrank. Ich bleibe aber geduldig bei ihm.

Auf dem Tisch ein Aufnahmegerät und Papiere. Verräterische Sachen.

– Sind Sie Journalist?, fragte der andere, mit Schnurrbart und Fernet.

– Ja, aber sagen Sie nichts.

Er lachte und hob zum Abschied den Fernet.

Bittner kehrte von der Toilette zurück und stellte sich an die Theke. Er kam frisch zurück, als sei er gerade aufgestanden. Er stellte das vierte Bier auf den Tisch und steckte sich eine Zigarette an. Er war ein Mann, der mit der realen Welt nichts zu tun hatte.

– Weißt du, dass ich mich mit Schäfer getroffen habe?

Für ihn war das Gespräch nie unterbrochen.

– Nein, das wusste ich nicht.

– Haben Sie ihn in der Colonia gesehen?

– Sprechen Sie von Paul Schäfer?

– Ja, ja, von dem, dem Geflüchteten. Den, den die Chilenen jetzt ins Gefängnis bringen wollen.

Paul Schäfer verwaltete die Colonia Dignidad. 1997 erließ die chilenische Justiz einen Haftbefehl gegen ihn wegen sexuellen Missbrauchs an Kindern. Am Bierabend hatte man ihn in der Cocktail-Bar gesehen, die im unteren

Stadtteil Bajo lag.

– Wann haben Sie sich mit ihm getroffen?

– 1967, mein Lieber, ich habe keine Zeit verschwendet. Und er auch nicht, in dieser Zeit hatte er sein Geschäft schon aufgebaut.

Schäfer war ein Verwalter der Grausamkeiten. Er wurde 1921 im Rheinland geboren. Er kannte seinen Vater nicht. Er trat in die Hitlerjugend ein. Er kam 1961 nach Chile, in Deutschland war er schon wegen sexuellen Missbrauchs angeklagt. Er gründete die Sociedad Benefactora y Educacional Dignidad, um Kindern zu helfen. Er traf sich mit Pinochet, produzierte Sarin, um Dissidenten zu eliminieren. Der BND – der deutsche Geheimdienst, wurde ursprünglich vom CIA überwacht, er hat ihn unter seinen Schützlingen gehabt. In seinem Schlafzimmer trug er eine PPK-Pistole mit Kugel. Ein von ihm ausgewähltes Kind musste seine Genitalien anfassen. Sie nannten ihn Professor oder Tio.

– In der Organisation wollte er nicht mitwirken, er dachte ausschließlich ans

Geld.

– Woher wissen Sie das?

– Ich habe mich zweimal mit ihm getroffen, wir kamen nicht klar miteinander. Er mochte mich nicht, und ich ihn nicht.

– Das beweist gar nichts.

– Darüber gibt es keine Beweise, mein Lieber. Ich kann dir meine Gedanken sagen, nachdem ich da gewesen bin.

– Und warum denken Sie so?

– Weil ihm bewusst war, dass die Organisation mit der Zeit verschwinden würde. Die Nazis wurden alt. Sie starben mittlerweile weg, oder was glaubst du? Er wusste, dass ihm die Colonie erhalten blieb und deswegen fing er mit der Sekte an, mit den Jungs, mit seiner ganzen Schweinerei.

– Nehmen wir mal an, es war so. Die Organisation hätte ihn ja zurechtweisen können.

– Ich weiß es nicht, es gibt viele komische Dinge in der Welt. Ich glaube nicht, dass die Organisation wusste, was sich dort drinnen abspielte, zumindest nicht in dieser Zeit. Sag mir mal eins, meiner Lieber. Weißt du, wozu er Colonia Dignidad gekauft hatte?

– Nein.

– Ganz einfach, schau, er ging dorthin, um die Alten zu bekommen. Als sie alleine blieben, dachte man, sie dorthin zu schicken. Eine Geriatrie für Geflüchtete, ein Friedhof am Fuße der Cordillera.

– Glauben Sie das?

– So war es, auch wenn du es nicht glaubst.

Eine schreckliche Vorstellung. Grab an Grab. Alle Toten zusammen.

Er verteidigte die Organisation. Er machte Schäfer für die Gräueltaten in der Colonia Dignidad verantwortlich. Er war verärgert über Fragen, die seine Argumente infrage stellten.

Das ging so lange, bis er auf den Tisch schlug und die Bar verstummte.

– Sehr gut, beenden wir das hiermit erst einmal. Dreitausend Dollar und ich bringe dich zu Schäfer – er wiederholte den Schlag.

Der Dunkelhaarige, der Kellner, der mit dem Fernet und der Katze – alle schauten ihn an. Er war ein Blinder, der niemanden sah.

Flüsternd habe ich ihn darum gebeten, leise zu sein.

– Du gibst einer neutralen Person dreitausend Dollars – schrie er –, Ehrenwort, und ich bringe dich dorthin.

– Wo versteckt sich Schäfer gerade?

– Er ist in Argentinien – schrie er wie ein Wilder – und ich kann ihn finden.

Er war ein Tier. Es gab keine Möglichkeit, dass er seine Stimme senkte.

– Ich traf mich zweimal mit den Chilenen in der Botschaft. Sie gaben zwei

Millionen Dollar dafür aus, ihn zu suchen, und haben ihn nicht gefunden. Ich will kein Geld für mich, zahlen Sie nur die Kosten, meine Herren, ich habe nach dreitausend Dollar gefragt und Sie wollen nicht – er war außer sich. Und warum wollen Sie nicht? Es gibt zwei Möglichkeiten. Weil Sie den Verdienst für sich behalten wollen oder weil Sie Schäfer nicht fangen wollen.

Bittner hatte recht. Schäfer war nach Argentinien geflüchtet. Im März 2005, als die Regierungen auf beiden Seiten der Cordillera wechselten, wurde er verhaftet. Aber an jenem Abend war alles aus den Fugen geraten.

Die Colonia Dignidad präsentierte sich wie eine Geriatrie. Die chilenische Diplomatie kümmerte sich um die Kosten. Er bot Schäfers Kopf an und die Blicke der ganzen Bar gingen in unsere Richtung. Wenn ich die Zeit zurückdrehen könnte, würde ich rausgehen und diese dreitausend Dollar suchen, aber in diesem Moment machte ich was anderes, dringend und unangenehm. Ich wechselte den Kurs.

– Lassen Sie uns zurückkommen auf ’67, Bittner. Wie haben Sie das dem Minister beigebracht, dass Sie sich nicht einschleusen?

Ich bestach ihn. Ich bestellte ein weiteres Bier. Ich füllte das Glas. Ich bot Tabak an.

– Ich sagte nichts – er antwortete mit hoher Stimme. Ich fing an spazieren zu gehen, änderte die Treffen, ging nicht hin.

– Der Minister war ein geduldiger Mann.

– Er glaubte es nicht. Zum Schluss war es ihm bewusst.

– Was hat er gemacht?

– Er sperrte mich für eine Woche in den Kerker.

Er hatte sich beruhigt. Er wurde ein fast normaler Mann.

– In der Woche brachte er mich zur Grenze, ohne Pass, und ohne Habseligkeiten.

– So sind Sie nach Argentinien gereist?

– Nein, das war die Falle von Garmona. Er sagte, dass ich in zwei Monaten wieder zurückkehren könnte, um meine Freundin wiederzutreffen.

– Und was war die Falle?

– Alles war eine Falle, mein Lieber. Sie behielten meinen Pass. Wenn ich einen Fuß nach Argentinien gesetzt hätte, wäre ich im Gefängnis wegen illegaler Einreise gelandet. Mein Kontaktmann bei der Polizei sagte mir: „Hör zu, Deutscher, das sind alles Lügen. Sie werden dich nicht zurückkommen lassen. Auf diesem Weg konnte ich entkommen, aber dort begann die Jagd. Sie suchten meine Freundin im Krankenhaus. Es gab Zivilpolizisten, die krank wurden. Sie überfielen das Feld ihrer Familie. Sie suchten mich sogar in den Kuhärschen.

Er wurde der Spionage beschuldigt. Spionage im Dienst der Sowjetunion. Sein Gesicht mit der Legende der Flucht wurde in der Presse veröffentlicht. Oelckers war es, der ihn aus der Falle zog, die von Carmona gelegt wurde.

– Später kannte ich mehr Mitglieder der Organisation in Chile. Sie waren es, die mich aus dem Land holten.

Er fragte nach der Uhrzeit. Viertel vor zwölf.

– Ich gehe, mein Lieber.

Er hatte es eilig und es gab keine Möglichkeit mehr, ihn zurückzuhalten. Er weigerte sich hartnäckig, das Ende der Geschichte zu erzählen. Er behielt die Papiere. Er versprach, nächste Woche oder in irgendeiner anderen zurückzukommen. Er kippte die Flasche für das letzte Getränk ins Glas. Leer. Er stand auf und schnappte sich die Aktentasche.

Er verabschiedete sich von den Angestellten und von dem an der Bar, der das Verschwinden der Attraktion resigniert mitverfolgte. Der Kellner öffnete die Tür und auf dem Bürgersteig streckte er ihm die Hand entgegen.

– Ein Vergnügen, Meister. Vergessen Sie nicht, wiederzukommen.

Bittner streckte ihm seine Hand entgegen und ging auf die Allee. Beim Laufen stoppte er.

– Ich rufe Sie in diesen Tagen an – sagte er.

– Ich begleite Sie, Bittner.

Ich dachte, ihm auf dem Weg das Ende zu entlocken. Wir haben eine Weile verhandelt. Die Ampel wechselte von grün auf rot. Er wollte nichts wissen. Selbst den Bus, der ihn nach Hause fahren sollte, wollte er mir nicht sagen.

– In welche Richtung gehen Sie?, sagte er, er hatte die Verhandlung schon satt.

– Dorthin – ich zeigte gen Westen, zum Obelisk.

– Ich begleite Sie, mein Lieber.

Ich fühlte mich, als würde ich einen Nazi anbetteln. Es ging um sein Geständnis, aber das war hässlich.

Wir überquerten die Straße Paseo Colon. Ich war ernst und still.

– Lassen Sie uns bei Klemms Büro vorbeischauen. Ist das schon lange her, dass Sie nicht mehr dort waren?

– Ziemlich, es gibt keinen Kontakt mehr. Wozu soll ich dorthin gehen?

– Und die Kontakte aus Chile, welche waren das?

Wir kehren sanft zur Sache zurück.

Wie ein Wasserfall zählte er nicht verwertbare deutsche Nachnamen auf. Ich hatte keine Cassetten mehr.

– Sprechen Sie langsam, Bittner, wir haben zehn Blöcke vor uns.

In der Reihenfolge der Vorstellung. Der Erste war ein gewisser Meyer, Rechtsanwalt, Jura-Professor.

– Er legte Berufung gegen meine Festnahme ein. Deswegen sagte er, dass er einen chilenischen Jungen erwartete. Lüge.

Im Zug von Santiago nach Puerto Mont mit Silvia. Ein lutheranischer Geistlicher bestätigte die falsche Schwangerschaft. Der Beweis war schwach, und das Gericht lehnte die Berufung ab.

Meyer verwies ihn an Wagner. Von Santiago nach Temuco, siebenhundert Kilometer nach Süden. Wagner organisierte die Flucht.

– Er hatte eine Tourismusagentur.

– Erinnern Sie sich an den Namen?

– Germania Tour.

Im fünften Büro eines Gebäudes in der Straße Manuel Montt al 600, in Temuco, existiert ein Reise- und Tourismusunternehmen mit dem Namen Germania Tour.

Er diktierte ein endloses Telegramm. Ich blieb unter den Plakaten mit gutem Licht stehen, um klar zu schreiben und dann zu laufen, um ihn einzuholen. Er stoppte nicht umsonst. An den Bushaltestellen der Bars, wo die Autos an den Ampeln vorbeirauschten, sah man einen Verrückten, der mit Schreien in einer merkwürdigen Sprache gestikulierte.

Er wurde von einem anderen verfolgt, der seine Sprüche schriftlich aufnahm. Prophet und Apostel.

Silvia und Bittner gingen von einem Deutschen zum nächsten Deutschen. Von Wagner zu Stengel, einem Fischfabrikanten, der in Talcahuano lebte, dreihundert Kilometer nördlich.

– Stengel hatte eine Fischfabrik, ich weiß nicht, ob sie noch existiert. Er war sehr nett zu mir. Er schrieb eine Empfehlung an Walter Rauff, dem aus Punta Arenas. Falls ich Probleme bekomme, solle ich mich an ihn wenden.

Eine Familie mit Nachnamen Stengel lebt in Talcahuano. Sie ist eine der sieben Familien, die in Chile das Meer besitzen. Ihre Firma trägt den Namen BioBio und ist ein Fischereiunternehmen. Mama, Papa – der Seemann und drei kleine Brüder verließen 1955 den Hafen in Cuxhaven. Sie segelten einsam über die Ozeane und kamen im Hafen von Talcahunao an, wo sie ein neues Leben begannen. Das besagt die offizielle Geschichte der Familie.

– Stengel schickte mich zu einem Uhrmacher aus Concepción, ich habe seinen Namen vergessen. Er besaß ein sehr großes Haus mit Kunstwerken, Schmuck und so was. Der Uhrmacher hat mir meinen Pass besorgt.

Im zweiten Stock der Diagonal Pedro Aguirre Cerda 1151, in Concepción, hat das deutsche Konsulat seinen Hauptsitz.

– Mit diesem Pass lebte ich fünfzehn Jahre in Argentinien. Innerhalb von zwei Stunden hatte ich ihn bekommen. Legitim, authentisch vom Konsulat. Das hat die Organisation gemacht, sie konnten ihn auf jeden Namen ausstellen. So funktionieren die Dinge, mein Lieber – sagte er wütend und ging schneller. Die Deutschen in der Botschaft weinen mit den Juden über die Geschehnisse, aber im Inneren lachen sie. Geld ist alles.

Er kehrte von Concepción zurück nach Temuco. Wagner erledigte die letzte Kontaktvermittlung, indem er ihn zu einem gewissen Blume schickte. Sechzig Jahre alt, rundes kräftiges Gesicht, der Flüchtlingsabwickler. Er lebte in Trafampulli, hundert Kilometer südlich, in einem großen Haus, umgeben von Bäumen wie Araucaria, Eichen, Lenga-Südbuche, Maiten, den Seen: Rico, Toro, Chico. Und umgeben von Bergen, dem Andengebirge. Ein Paradies.

Blume war mit der Ein- und Ausreise des Landes der Menschen beauftragt, die Probleme hatten. Um zu flüchten, musste man zuvor ihn treffen. Wir verbrachten zwei Nächte in seinem Haus.

Er lief, als würde er um sein Leben laufen. Er zwang mich, einzelne Wörter als Gedächtnishilfe aufzuschreiben. Später glaubte ich, den Grund der ganzen Eile entdeckt zu haben. Eine Offensichtlichkeit, die ich gar nicht erwogen hatte: Wenn er sich nicht so beeilt hätte, hätte er die letzte Verbindung zu einem Ort verloren, den ich nicht kannte.

Mit Blume schloss er den Pakt zur Schweigepflicht.

– Er sagte es mir so: „Wir treffen eine gegenseitige Vereinbarung. Sie wissen dreißig Jahre lang nichts“, und er gab mir dreitausend Dollar. Eine kleine Ausgabe, eine Bagatelle.

Er ging morgens nach Icalma, sechzig Kilometer nördlich, mit Führern, Eseln und Pferden.

– Wir überquerten die Schmugglerroute. Es war sehr kalt. Die Pferde wurden im

Schnee begraben. Ich war vorher noch nie geritten. Mamma Mia, wie mir der Arsch wehtat.

Ein Grenzübergang verbindet die Route S-16 in Chile mit der Provinz 13 in Argentinien. Der Sitz des Gendarmerie Reviers ist Schwadron 32 in der Ortschaft Aluminé.

- Auf der argentinischen Seite fehlte nichts, sogar die Gendarmerie wartete auf uns. Es war Frühling und die Flüsse waren vom Tauwetter überflutet, es war unmöglich, sie zu überqueren. Wir lebten einen Monat lang in einer Schule. Ich hatte ein Touristen-Visum und meine Freundin hatte ihren chilenischen Pass. Wir reisten am 5. November 1967 legal ein. So steht es in meinem Pass.

Von Icalma nach Zapala. Letzte Etappe – Buenos Aires.

- Wir gingen in ein billiges Touristen-Hotel. Ich begann damals als Maler zu arbeiten und blieb hier, wie ein ganz gewöhnlicher Typ. So endet die Geschichte, mein Lieber.

Er blieb gegenüber vom Obelisk stehen. Nichts führte zu weiteren Fragen. Tschüs, mein Lieber, weiter nichts. Er eilte zum Stadtviertel am Ufer El Bajo, und war verschwunden, wie ein anonymer Mann, der spät nach Hause zurückkehrt.

An jenem Abend war nichts wirklich real.

# 6. Die Zeugin

„Am Samstagnachmittag werde ich zu Hause sein, können Sie kommen?“ Eine anonyme Nachricht mit einer privaten Nummer. Eine Frauenstimme. Hintergrundgeräusche, als würde sie an einem offenen Fenster sprechen, das zur Straße führt. Unten Musik, etwas Klassisches. Ein leichter Rhythmus in der Stimme. Ich suchte in dem Adressverzeichnis des Telefonbuchs.

- Guten Abend, Silvia. Sie haben eine Nachricht auf meinem Anrufbeantworter hinterlassen?

- Ja, ich habe auf Ihren Anruf gewartet.

Ich kam mit zwei Erwartungen an. Die höchste war, Bittner zu treffen, die niedrigste war, einen Ort anzutreffen, wo ich nach ihm suchen konnte.

Toby war auf dem Bürgersteig. Ein paar Kinder schrien nach ihm. Auf dem Plaza Garay war das Gras gewachsen. Das Viertel war nicht mehr ganz so grau. Das rosafarbene Haus fiel aus der Rolle. Aus dem Fenster hörte ich Silvias Stimme, sie telefonierte gerade. Aus dem Haus nebenan kam eine Nachbarin im Hauskittel und mit Hausschuhen, einem Stock und einer Schale mit Wasser für Toby.

– Der Arme – sagte sie, er ist alt und braucht ein bisschen Zuneigung.

Ich streichelte ihn. Er kratzte sich an der Seite.

– Haben Sie ihm das Fell rasiert?

– Ja, wegen der Hitze hat es Silvia abrasiert, so viel, wie sie konnte. Er ist böse und beißt.

– Böse?

– Wenn er sich streicheln lässt.

– Es ist seltsam, manchmal sieht er nur halb so böse aus.

Silvia schaute aus dem Fenster.

– Ich komme.

- Wir müssen zum Supermarkt – rief die Nachbarin. Ich komme später noch mal vorbei.

Silvia sah jünger aus.

- Wie geht es Ihnen, mein Junge? Sie war aufgeregt, als bliebe nicht mehr viel vom Tag.

Das Wohnzimmer roch nach Weihrauch. Es ertönte Kirchenmusik. Die Sonne schien erbarmungslos durchs Fenster. Sie ließ die Jalousien runter und das Licht schien nur noch in Streifen rein. Eine rituelle Atmosphäre im Dämmerlicht. Sie ging in die Küche, um etwas zuzubereiten.

- Lassen Sie sich bequem nieder, wo die Katzen Sie lassen“, rief sie aus dem anderen Raum wie aus dem Jenseits.

In der tiefen Dunkelheit leuchteten zwei Augen von der Treppe wie wachsame Sterne. Ein kastrierter gelber Kater leckte sich auf dem Tisch. Ein Engel, eine Meerjungfrau, eine Jungfrau, ein Porzellanzwerg, ein Teddybär. Eine tote Fauna im Regal. Ein Bild vom Basar. Ein Vogel mit ausgestreckten Flügeln in einem phosphoreszierenden Himmel. Eine Legende: „Mögen Sie im Flug der Möwen und im Tanz der Delfine den Weg deiner eigenen Freiheit finden." Ein vergrößertes Foto. Silvia und eine junge Blondine mit Tunika sitzen in der Lotus-Position. Keine Spur von Bittner.

In der Küche fiel etwas um und rollte auf den Boden.

- Geh raus … Hund oder Katze. Lass mich vorbeigehen, lästige Katze – sie kam mit dem Mate auf einem Tablett aus der Küche, dahinter eine orangefarbene Katze mit hochgestrecktem Schwanz.

Sie setzte sich in einen Sessel mit dem Rücken zum Fenster. Licht- und Schattenlinien im Gesicht.

- Die Katzen gefallen mir nicht, diese Nägel, die sie haben, sind zerstörerisch – ich habe alles Ersparte in die Polsterung der Kissen gesteckt. Meine Tochter hat sie mitgebracht.

Erste Information: Sie hatte eine Tochter.

Sie zog ein Fotoalbum aus dem Regal.

– Das ist sie.

Dieselbe wie auf dem vergrößerten Foto. Blonde, lange Haare und zirka fünfunddreißig Jahre alt, sie trägt hinduistische Kleidung.

– Wie schön.

Deutsches Gesicht. Ein heißes Weib.

– Und das ist mein Enkelsohn – ein kleiner Deutscher. Sehr intelligent, so wie Herbert.

Zweite Information: Hier und da gab es Nachkommen.

Sie schloss das Album.

– Ich danke Ihnen, dass Sie gekommen sind – sie begann mit der Sache. Wissen Sie, warum ich Sie angerufen habe?

– Um zu reden, stelle ich mir vor.

– Nein, deshalb nicht.

Das Telefon klingelte. Sie sprach mit der Nichte in Chile.

– Beruhig dich, meine Kleine ... Silvia war gerade von einer Reise zurückgekehrt. Die Nichte ist Künstlerin, das Gemälde kam gut an.

Die von der Fluggesellschaft haben das Bild zum Lageraum geschickt. Es kam zwar intakt an, war aber gefroren wie ein Hamburger im Supermarkt.

– Sehen Sie, welcher Zufall. Ich erzählte meiner Familie in Chile von dem Tag, als wir uns auf dem Bürgersteig begegnet sind. Erinnern Sie sich?

– Natürlich.

– Sie fragten mich, wer ich bin, woher ich komme, und ich konnte nicht antworten.

Eine neue Figur erschien in der Geschichte: die chilenische Seite der Familie.

– Was möchten Sie wissen?

– Ich weiß nicht, was das mit einer Schwester in Deutschland ist?

– Ich kann erzählen, was ich weiß.

– Das wünsche ich mir. Sprechen Sie. Ich höre zu.

Die familiären Dinge sollte sie mit Bittner lösen, und das tat sie nicht. Es entstand ein Verdacht: Er war weit weg oder tot.

– Darf ich Ihnen eine Frage stellen?

Sie schaute sich selbst an, auf dem Portraitfoto auf dem Couchtisch. Eine Frau mittleren Alters, die in die Ferne blickt, angeleuchtet vom Licht der Kerze. Zeremonie, Ritual, irgend so was.

– Ich ziehe es vor, dass Sie keine Fragen stellen – sie hob den Blick. Sprechen Sie.

Ich erzählte. Die Mutter, eine Frau ohne Namen. Der Vater, ein vergessener Mann. Inge, die Halbschwester der Adoptionsfamilie. Die Enkelkinder, der Sohn und die deutsche Ehefrau sollten ein anderes Mal erwähnt werden.

Sie zeigte sich nicht überrascht. Sie spielte geistesabwesend mit dem Saugröhrchen zwischen den Lippen.

– Ich sage Ihnen etwas. Ich kannte diesen Teil seines Lebens nicht, aber ich bin nicht überrascht.

– Warum?

– Weil ich aus ihm nicht richtig schlau werde. Ein merkwürdiger Mann. Verschlossen.

Bittner hatte eine andere Familiengeschichte erzählt, und sie dachte, sie sei wahr. Bei der Geburt verstorbene Mutter und bei der Schwester des Vaters aufgewachsen.

– Er hielt immer etwas geheim – die Katze sprang vom Sessel auf. Ich habe viele Jahre mit ihm zusammen gelebt und ich konnte nie verstehen, warum er nicht die Wahrheit sagte. Geh weg, Pimpollo, ich habe keine Lust zu spielen – die Katze krabbelte an ihrem Hals entlang. Sie können sich nicht vorstellen, wie es war, mit Herbert zu leben. Ein Gesichtsteil von ihr fing das Licht auf der Straße auf, ein anderer wurde von der inneren Finsternis angetrieben. Manchmal habe ich Angst.

– Angst?

– Ja, Angst … Kennen Sie die Dinge, die Herbert gemacht hat?

– Einige.

– Wenn dieses Telefon sprechen könnte … Sie zeigte auf ein gewöhnliches graues Gerät.

– Was würde es sagen?

– Ich würde es Ihnen nicht sagen, aber, schauen Sie, damit Sie verstehen, wie ich gelebt habe. Ich habe im Fernsehen gesehen, dass dieser von der Colonia, dieser Schäfer, überall von der Polizei gesucht wird und sie ihn nicht finden können. Und Herbert hat mit diesem Telefon, in diesem Haus, mit all den Deutschen telefoniert, die ihn beschützt haben. Er wusste, wo er sich versteckte. Und das Schlimmste ist, dass sie mich jetzt anrufen.

– Wer?

– Die von der chilenischen Geheimpolizei. Sie suchen seine Papiere und ich habe nichts.

Silvia ist flink, klein und hat feste Muskeln. Sie ging in die Küche und kehrte wieder zurück. Sie lief die Treppe hoch. Sie nahm die Katze von sich. Das machte sie mit kurzen Bewegungen. Leise und schnell wie ein Kolibri. Ihr Körper zeigt ein anderes Alter an als ihr Gesicht. Schlaffe Haut, weißer Ansatz vom braunen Haar, kleine wässrige Augen.

Sie gibt Yoga-Unterricht an Privat-Universitäten. Sie ist in einer Tierschutzorganisation aktiv. Sie nimmt an öffentlichen Demonstrationen teil und unterschreibt Petitionen. Auf Facebook hat sie einhundertsiebenundvierzig Freunde. Sie postet Blumen und Katzen, Sprüche vom Papst, Ratschläge für die Liebe und viel Selbsthilfe. In change.org unterschrieb sie eine Petition, damit der Journalist Jorge Lanata zum Ehrenbürger ernannt wird. Sie hat Fotos von Verwandten hochgeladen, die nicht mehr leben. Von Dittner hat sie nichts gepostet. Gar nichts, in ihrem öffentlichen Leben existiert er nicht.

Ihre Spiritualität ist polygam. Buddha, hinduistische Gebote, Marien-Figuren auf dem Regal. In ihrem Facebook Account veröffentlichte sie Fotos von einer Zeremonie in einem jüdischen Tempel im Belgrano-Viertel, an der sie teilnahm.

Es war ein wichtiger Moment in ihrem Leben. Anhand ihrer Kleidung, der Emotion, die ihr Gesicht zeigt, dem Kommentar, den sie schrieb. Ein Kleid mit weißen Streifen bis zu den Füßen. Ein bunt gemusterter Seidenschal mit goldenen Fransen. Goldene Schuhe. Sie ging auf die Bühne. Ein roter Teppich und ein im Hintergrund angeleuchteter gelber Wandteppich simuliert die Sonne. Orientalische Trommeln und eine Miniatur-Harfe. Sie nahm die Lotus-Position ein. Die Hände über den Beinen, ein zufriedenes Lächeln. Ein Swami im Zustand der Gnade. Sie schrieb: „Die Bühne war so umhüllt von ihrer heiligen Stimmung, sodass ich sagen könnte, der Herr ist mit euch und auch mit eurem Geist."

Ihr richtiger Name ist Silvia. Sie lebt nicht versteckt. Im Telefonbuch ist sie mit ihrem Nachnamen eingetragen. Sie stellte weder Bedingungen noch hatte sie eine Bitte. Sie wollte anonym bleiben und gab eine Erklärung ab.

– Ich habe jüdische Freunde, die noch heute trotz der Zeit, die seit dem Zweiten Weltkrieg vergangen ist, sagen, dass sie niemals einen Fuß auf deutschen Boden setzen werden. Stellen Sie sich vor, wenn sie wüssten, dass ich die Ehefrau eines Mannes war, der Sachen gemacht hat, die Herbert getan hat.

Ihr Problem war, dass sie Bittners Geschichte zu ihrer eigenen machte.

– Wie haben Sie sich kennengelernt?

Wir waren in der Küche. Das Gespräch war relativ vertraut. Sie hat mir erlaubt, ihre Gedichte zu lesen, die sie in das kleine Notizbuch eingetragen hat. Sie war an der Spüle und servierte Wasser.

– Durch Zufall.

Mehr sagte sie nicht. Die Stille war unangenehm. Das war ihr bewusst.

– Ich lernte ihn in einer Gruppe von Leuten kennen.

– Aber wie kreuzten sich ihre Lebenswege?

Sie war Krankenschwester in einem öffentlichen Krankenhaus und sprach kein Deutsch. Er, ein Undercover-Agent in einer Untergrundorganisation. Verschiedene Welten.

– Ich nahm immer an vielen Sachen teil …, und, nun gut, eines Tages trat ich in die Nationalsozialistische Partei Chiles ein.

Silvia war Nazi.

– Schauen Sie …

– Ich studierte und arbeitete. Die Nächte verbrachte ich mit politischen Treffen, um die Welt zu verbessern. Ich habe ihn in einer Gruppe kennengelernt.

– Wissen Sie, wer Pfeiffer ist?

– Natürlich – sie nahm Pimpollo hoch, und streichelte ihn wie eine Mutter ihr Baby streichelt. Er stellte mir Herbert vor.

Sie erinnerte sich an den Tag: Sonntag. Ein

Parteimitglied kam mit einer Nachricht vom Oberst in ihr Haus. Er wollte sie einer Person vorstellen. Die Familie war nicht wirklich damit einverstanden, akzeptierte es dann aber. Sie brachten sie in ein deutsches Restaurant nach Santiago. Das erste Mal sah sie einen ganz gewöhnlichen Mann. Beim zweiten Treffen, einem weiteren Abendessen, entstand eine seelische Verbindung.

– Wir gingen zusammen aus, und trafen uns mit den Parteifreunden. Wir waren Kameraden. Und so lernte ich ihn näher kennen, bis ich mit ihm zusammenkam, aber es war etwas sehr Zufälliges.

– Wie haben Sie sich verständigt?

– Ein bisschen mit Zeichen und das andere übersetzten sie uns. Herbert hatte ein paar Wörter Spanisch gelernt. Die Sprache an sich war nie unser Problem. Aber gut, das war vor langer Zeit. Ich war sehr jung …

Sie lebten dreißig Jahre lang zusammen und sie wusste nie von irgendwas. Das sagte sie. Er stellte ihr viele Deutsche vor und sie wusste nicht, wer sie waren. Das Einzige, was sie von ihm in einer Kiste aufbewahrte, war ein Dokument aus Indien. Er hatte es verloren.

– Ich weiß nicht, wie ich Ihnen helfen könnte.

Es gab einen Schlag gegen die Jalousie.

– Bist du zu Hause?, rief eine Frau.

Sie näherte sich dem Fenster.

– Ich mache dir auf.

Die Nachbarin mit dem Wasser für Toby wirbelte ins Haus. Sie trug ein rotes Handtuch um den Kopf.

– Ich bin Rosarina, mein Allerliebster – sie stellte sich mit einem Kuss vor. Wir kennen uns von draußen auf dem Bürgersteig. Erinnerst du dich?

– Rosarina? Es freut mich, Sie zu sehen.

– Willst du einkaufen gehen?

– Es ist früh.

– Merk dir, heute backe ich Pizza. Gib mir einen Mate.

– Ich komme nachher zu dir.

– Klopf an, ich knete den Teig unten.

Silvia begleitete sie zur Tür.

– Sie ist gespannt – sagte sie, als sie zurückkam. Sie weiß nicht, wer Sie sind und sicherlich fragt sie sich, worüber wir gesprochen haben.

– Haben Sie ihr das nicht erzählt?

– Nein, wie soll ich ihr das erzählen. Über diese Sachen spreche ich mit niemandem.

– Also, Ihre Freundin weiß nicht, wie Sie in dieses Land gekommen sind? Wenige Menschen haben die Cordillera so überquert wie Sie, das ist doch ein Abenteuer.

– Ach ja, aber vorher sind viele Dinge passiert. Es war ein vom Minister angezettelter Krach.

Silvia war beim Treffen mit Carmona dabei. Bittner war elegant gekleidet, mit schwarzem Anzug, weißem Hemd und dunkler Krawatte. Dieselbe Kleidung, die er trug, als sie Fotos von ihm für Ercilla machten. Carmona und Bittner sprachen Deutsch miteinander. Das Thema war Colonia Dignidad.

Silvias Geschichte vom Treffen mit Carmona bis zur Ankunft in Buenos Aires hatte die Genauigkeit eines Klons. Die Beschuldigung eines sowjetischen Spions. Die Verhaftung. Die Flucht in den Anden.

– Er gab mir fünf Minuten, um meine Sachen zu packen und zu flüchten.

Temuco. Talcahuano. Concepción. Trafampulli. Auf jeder Etappe ein Deutscher. Stengel. Wagner. Blume. Der Pass im Konsulat in Concepcion. Die Pferde versanken im Schnee. Die Flüsse waren vom schmelzenden Eis überflutet. Die wartenden Gendarmen auf der argentinischen Seite. Der Tag der Einreise in Argentinien: 5. November 1967. Der Bus bis zum billigen Hotel in Buenos Aires.

– Ich wusste nicht, wer Herbert war, aber ich war verliebt und folgte ihm.

In dem Geschirrschrank in der Küche passte kein einziges Teil mehr rein. Teller, Tassen, Becher und Gläser. Dosen mit Kräutern, Keksen, Zucker, Nudeln. Spezielle Fläschchen. Briefmarken mit Heiligen. Kühlschrankmagnete mit Blumen und Bringdiensten. Mittendrin: ein Portraithalter mit einem Foto von Bittner. Silvia schaut es jeden Tag von ihrem Tisch aus an, an dem sie frühstückt, Abendbrot isst und Gedichte schreibt. Sie führt ein einsames Leben neben ihm.

– Vor Kurzem fand ich ein Foto, auf dem wir zusammen mit meiner kleinen Tochter auf dem Arm sind, und glücklich aussehen. Ich fragte mich, warum ich einen Mann ausgesucht hatte, an dessen Seite ich nicht das ganze Leben bleiben konnte.

– Ich glaube, ich habe mich geirrt.

Ich konnte es nicht mehr abwarten.

– Wo kann ich ihn treffen, Silvia?

Mit dem Glas in der Hand ging sie bis zur Spüle, und stellte es mit Bedauern auf den Tisch. Sie drehte sich um:

– Suchen Sie ihn nicht mehr, Herbert ist tot.

Es war am 19. März 2007, mit zweiundsiebzig Jahren, im Altersheim Los Pinos, getragen von der Deutschen Gesellschaft für Wohlfahrtspflege, allerdings ohne Krankenkasse. Eine Todesanzeige auf Seite fünf im Argentinischen Tageblatt, seine Verkündung wurde neben der von Schultz, einem Rank und einer Carstens erwähnt. Mit ihm gingen auch seine Geheimnisse.

In der letzten Handlung seines Lebens wollte er seine eigenen Spuren auslöschen. Er zog den Koffer heraus, in dem er seine Manuskripte, Briefe, Dokumente und Fotos, den deutschen Pass, den argentinischen Identitätsnachweis für Ausländer und all die Papiere, die seine Geschichte erzählten, aufbewahrt hatte, und warf ihn ins Feuer. In der ihm noch zu verbleibenden Lebenszeit war er ein Geist mit Hirntumor, ohne Krankenkasse.

Er lebte in einem prekären Haus in Zárate,

achtzig Kilometer nördlich von Buenos Aires. Die einzige finanzielle Einnahme stammte aus seinem Straßenverkauf mit den Heilkräutern. Davon lebte er bis zu dem Tag, an dem er nicht mehr laufen konnte. Silvia traf ihn im letzten Stadium.

– Hin und wieder hat er mich besucht. Er kam einen Monat lang nicht, den zweiten auch nicht, im dritten Monat, als er auch nicht vorbeikam, erschien es mir seltsam. Ich dachte, dass ihm etwas zugestoßen sein könnte und machte mich auf, ihn zu sehen. Als ich ihn traf, ging es ihm schlecht, so schlecht, dass ich ihm ein Zimmer anbot. Ich hatte ihn hier, bis ich ihm nicht mehr die Pflege geben konnte, die er brauchte.

Ihn einweisen zu lassen, war nicht leicht. Niemand wollte sich um ein nicht vorhandenes Wesen kümmern. Silvia stellte sich in der Deutschen Botschaft vor und bat um Hilfe. Durch diplomatische Bemühungen wurde er im Heim Los Pinos aufgenommen.

– Als ich die Sterbeurkunde las, sah ich, dass er keinen Vater hatte. Ich fragte mich einmal, wer er war. Ich dachte, dass seine Familie im Zweiten Weltkrieg gestorben war und er hätte ein Straßenjunge sein können.

Sie wusste auch von der Anfrage nach dem Aufenthaltsort, die Bittner in der Botschaft gestellt hatte, um seinen Sohn in Deutschland zu treffen. Sie versuchten, mithilfe der Botschaft Verwandte zu finden, und fanden sie nicht.

Nachdem bekannt wurde, dass es kein Vermögen zu vererben gab, wurde die offizielle Suche eingestellt.

Es war der Moment gekommen, Silvia den letzten Teil der Geschichte über Inge zu erzählen, in der die Neffen, der Sohn und die Ehefrau in Deutschland drin vorkamen. Ich tat es.

– Das heißt, dieser Mann war verheiratet … sagte ich nach einer Weile leise.

Ich musste ein wenig warten, bis sie sich einigermaßen gefangen hatte. Am Anfang sah ich sie aufgeregt, dann entspannte sie sich, bis ihr die Situation etwas komisch vorkam. Ich glaube, sie lachte, um nicht weinen zu müssen.

Es wäre notwendig, Inge zu schreiben, um ihr die ganze Geschichte zu erzählen. Sie wartete seit Jahren auf Nachrichten.

Aus irgendeinem Grund schob es Silvia vor sich her, entweder aus Scham oder aus Bescheidenheit. Sie erzählte alles. Tod, Naziverbindungen, argentinische Tochter und Neffe, die ab diesem Tag ebenfalls auf Nachrichten warteten. Es kam keine Antwort. Sie wiederholte die E-Mail täglich und erhielt keine Antwort. Sie schrieb ihr nie wieder.

Mit dem Rücken zu mir gewandt, bereitete Silvia den Mate vor, ich sah mir das Foto im Portraithalter an. Mit Baskenmütze und Karohemd umarmte er einen Hund.

– Er starb arm, sehr arm und vielleicht viel zu einsam. Es schmerzte mich, dass er nicht für immer in diesem Haus bleiben konnte – sie bemerkte einen Fehler im Rhythmus.

– Aber hier haben Sie ihn – sagte ich, um die Dramatik rauszunehmen. Sie können ihn jeden Tag sehen.

– Die Wahrheit ist, dass ich nicht wusste,

wohin man ihn bringen sollte. Schließlich ließ ich ihn dort, ich denke, das war ein guter Ort.

Sie sprach über einen Menschen, keineswegs über eine Sache wie ein Foto.

Ich schaute noch einmal auf die Ablage. Neben dem Portraithalter gab es eine Porzellanvase mit Plastikblumen. Darunter eine schlichte, nicht sehr große Holzkiste mit einer Bronzeplatte. Ich näherte mich und las: Herbert, 20. März 2007. Es war die Urne mit der Asche. Die Treffen mit ihm waren immer ungewöhnlich.

Es war zu Ende und mir wurde klar, dass es keinen Platz mehr gab, um nach ihm zu suchen. Dunkelheit. Wegen der Hitze streckte Toby auf dem Bürgersteig aufgeregt die Zunge raus. Ich machte ein Foto von ihm mit seinem abrasierten Fell.

– Ich sage Ihnen etwas, was Sie nicht glauben werden …

Silvia war plötzlich eine mysteriöse Frau.

– Aber ich sage es Ihnen trotzdem, Toby

ist Herberts Hund.

Ich fotografierte ihn wie ein Besessener, der Dinge und Wesen zwanghaft festhalten will. Zu dieser späten Stunde am Abend hätte ich alles glauben können, egal was es gewesen wäre.

– Seitdem er in die Klinik ging, kam dieser Hund nicht mehr rein. Er bewegt sich nicht von der Tür. Ich habe das Hundebett auf den Bürgersteig gestellt, und die Nachbarn stellen das Essen darauf.

In einer Geschichte der Verlassenen wartet ein Hund seit Jahren vor der Haustür auf seinen Besitzer. Ich wollte gehen.
Ich hatte die Nase voll von Weihrauch und eingeschlossen sein. Von Bach, den E-Mails ohne Antwort, dem Doppelleben, den Nazis. Von Feuer und Tod, die diese Geschichte mit sich brachte.

Ich war leer. Ich startete den Motor und Silvia schrie vom Bürgersteig. Sie machte ein Zeichen und ich ging zurück.

– Wollen Sie mit jemandem reden, der

Herbert kannte?

Ich antwortete wie ein Automat.

– Wen?

– Tito.

– Wer ist Tito?

– Der Freund, der uns bei den Reisen begleitet hat. Ich gebe Ihnen die Telefonnummer, sprechen Sie mit ihm.

## 7. Der Komplize

– Guten Abend. Kann ich bitte mit Herrn Juan Carlos Ibarra sprechen?

– Das bin ich – Ibarra ist Tito.

Die Stimme eines ernsthaften Mannes, mit wenig Geduld.

– Was wollen Sie?

Ich informierte ihn über den Grund meines Anrufs: Bittner.

– Es gibt viele Geschichten über ihn zu erzählen.

– Darüber möchte ich sprechen.

– Sehen Sie, unsere Freundschaft dauerte dreißig Jahre. Telefonisch ist es kaum möglich, denn die Fülle der Gedanken erschwert eine telefonisch gerechte Formulierung.

Ibarra lebt in Mar del Tuyú, dreihundertfünfzig

Kilometer südlich von Buenos Aires, an der Atlantikküste. Er baut und vermietet Sommerhäuser.

– Wenn Sie mich empfangen, besuche ich Sie.

– Rufen Sie mich im März oder April an und dann sehen wir weiter – wir hatten Dezember.

Er besaß das Misstrauen eines Menschen, der mit Fremden spricht. Um die Wartezeit zu überbrücken, musste ich mich als Dummkopf outen. Ich habe ihn in Versuchung geführt.

– Bittner wollte, dass ich die Geschichte über sein Leben schreibe.

Er zögerte mit seiner Antwort.

– Er rief mich an. Er nannte mich Goro statt Gordo. Ich erinnere mich immer an ihn. Er lernte nie Spanisch. Wir haben nächtelang miteinander geplaudert, beim Grillen, beim Karten spielen, wir haben so viele Sache zusammen gemacht …

In seiner Stimme klang der Dialekt des ländlichen Umfelds von Buenos Aires.

– Haben Sie zusammen gearbeitet?

– In gewissem Sinne, ja! Einmal haben wir das Haus von Pedro Olmo gestrichen. Wissen Sie, wen ich meine, oder nicht?

– Ja.

– Dank Herbert kannte ich viele Menschen, die heute zur Geschichte gehören.

Er legte sein Misstrauen ab.

– Wie haben Sie sie kennengelernt?

– Das war zu der Zeit, als die Geflohenen Hilfe bekamen.

– Hilfe?

– Ja, aber das ist eine lange Geschichte, verstehen Sie?

Ich verstand. Ich musste bis März warten und

das Warten könnte umsonst sein.

An einem Freitag im Juli bei Minusgraden kam ich frühmorgens an der Küste an. Im Terminal gab es keine Bar, keinen Kiosk, kein Taxi. Das Ende der Welt. Ich ging zu Fuß zu der Freundin eines Freundes, bei der ich unterkommen konnte. Sandige Straße mit dem Meer im Hintergrund, das Geräusch von Stimmengewirr kam von dort. Ein Hund überquerte die Straße und bellte nicht. Das ockerfarbene Licht der Straße gab den Dingen eine unwirkliche Farbe. Alles still: Häuser, Pflanzen, Plakate, vom rostigen Nebel gewaschene Autos.

Die Etymologie des Wortes Tuyú ist ungewiss, wahrscheinlich stammt es aus dem Guarani oder Mapudungun. Es bedeutet weiche Erde. Das Festland wurde durch den Krabbenfang sumpfig. Beim Laufen muss man gut aufpassen, weil der Boden trügerisch ist. Man sagt, es sei ein Dorf der Verlorenen. Da drüben kennt man die Geschichte von einem gewissen Garófalo, einem Mechaniker mit einem langen Strafregister. „Ich wurde fünfunddreißig", sagte er einmal.
„Hör auf zu scherzen", antwortete der andere. „Du bist älter als ich". Beide hatten recht, aber Garófalo sprach von der Verjährung. Er war

aus dem Gefängnis in Formosa geflohen, in dem er wegen dreifachen Mordes sitzen musste. Er flüchtete bis zur Küste und blieb. Man sagt, hunderte wie er gehen in diese Sumpflandschaft.
Ibarra könnte ein Verlorener sein, aber zuerst lernte ich Veronica kennen, die Freundin meines Freundes, bei der ich wohnen konnte. Sie lebte zusammen mit ihrem Sohn im jugendlichen Alter und einer schwarzen Hündin, die sie von der Straße gerettet hatte. Ein Haus mit zwei Stockwerken. Mate, Gitarre, ausgezeichnete Heizung. Nach meiner Ankunft war dieser Ort ein Paradies. Auf der Reise dachte ich darüber nach, Veronica in den Besuch bei Ibarra mit einzubeziehen. Eine Frau könnte das Herz von harten Männern erweichen. Sie willigte ein. Um zwei Uhr nachmittags klingelten wir an der Tür, bei Ibarra war niemand zu Hause.

Die Küste wartete auf den Sommer. Zugemauerte Türen und Fenster. Gewachsenes Gras in den Gärten. Sand und trockene Blätter in den Eingängen. Niemand in Sicht. Da wo die Straße endete, begann der Strand.

Das Meer berührte den Horizont. Die Farbe des Nachmittages war sturmgrau. Ibarras Haus war das letzte des Blocks, es lag am Strand.

Weder Verkehr noch Lärm, weder Hund noch Katze. Bei den Wanderdünen am Ende des Grundstücks gab es noch ein anderes Haus. Es lag versteckt am Meer zwischen großen und zahlreichen Blättern, die mir unbekannt waren. Ein mysteriöser Ort.

Der Kofferraum eines Transporters erschien. Ein kräftiger Mann stieg aus, einpaarundsiebzig Jahre alt, schwarze Kleidung. Ibarra.

Trocken, direkt, ohne Zeremonie. Kurze Entschuldigung und die Einladung, einzutreten. Die Temperatur im Wohnzimmer war antarktisch. Es war kälter als am Strand. Die Seitenwand zur Küste hatte kein Fenster. Ein unpersönlicher Ort, weiß gestrichen ohne Bilder, Fotos, Heilige oder Porzellan. Ein Holztisch mit sechs Stühlen. Weder Mate noch Kaffee noch Heizung.

Ibarra setzte sich an den Kopf des Tisches. Rechts neben ihm saß Veronica. Er sah sie an wie eine Blume. Große Bauarbeiterhände auf dem Tisch. Ausdrucksstark. Entschieden. Er stellte zwei Fragen: Wie haben Sie Bittner kennengelernt? Was würden Sie mit der Geschichte machen? Er ergriff das Wort.

– Ich werde Ihnen erzählen, wie Herbert war. Einmal rief er mich an und sagte: „Ich fliege in die Schweiz, mein Lieber, was soll ich dir mitbringen?“ Die Fußballclubs Boca und River hatten gegeneinander gespielt und ich hatte auf River gewettet und gewann ein Lamm. „Nichts, mein Deutscher, aber wie schade, dass du nicht kommen kannst. Ich mache Lamm“.

– „Ein Lamm?“, fragte der Deutsche.

– „Ich bereite es gerade zu.“ Ich glaube, es war im Jahr 2000. Er rief aus Buenos Aires an und wiederholte mit hoher Stimme: „Lamm, ein Lamm.“ Er fragte mich, ob es am Abend zum Essen bereit ist. Ich sagte ihm, dass das Feuer schon an ist. Es war drei Uhr nachmittags. „Ich komme, mein Lieber.“ Wir verabschiedeten uns und er legte auf. Innerhalb von zwei Minuten klingelte das Telefon. Er war es: „Lade Menschen zu einer Partie Truco ein. Er kam um acht. Es gab zwei Freunde. Wir aßen das Lamm und fingen dann an, Karten zu spielen. Das Flugzeug ging um zehn Uhr morgens. Es war vier Uhr und er spielte weiter. Er schaute auf die Uhr. "Ui, Goro, ich komme zu spät." Zwanzig Tage später kehrte er nach Argentinien zurück. Er brachte mir als Geschenk ein Radio mit. Ich fragte ihn, wie er das Flugzeug noch erreicht hatte. „Ich habe einfach auf nichts Rücksicht genommen, mein Lieber."

Es gab eine Nachricht: Bittner reiste in die Schweiz, wie er beim Abschied gesagt hatte.

– Er hatte eintausendfünfhundert Pesos am Morgen und wenn er nachts ankam, lieh er sich Geld. Er spielte abends, morgens Tageslotto; er setzte auf die erste Zahl, auf die zehn, an den Preisen. Er kaufte stapelweise Scheine. Auch ging er regelmäßig auf die Rennbahn. Allerdings, wenn er gewann, zog er alle Geldbündel aus allen Taschen.

– Woher kam das Geld?

– Herbert hatte das Geschäft mit den Schmetterlingen entdeckt …

– Was ist das?

– Zufällig hatte er erfahren, dass kein Gesetz existierte, das einbalsamierte Schmetterlinge schützte und so verkaufte er sie in Europa.

Die zweite bemerkenswerte Neuigkeit: Schmetterlinge. Die verkaufte er an die Europäer.

– Wer kaufte?

– Sammler und Museen der Naturwissenschaften in Schweden, Norwegen, Belgien, Holland.

– Wissen Sie, warum?

– Keine Ahnung.

– Weil das Länder mit kaltem Wetter sind, die keine Schmetterlinge haben. Sie haben für jeden fünfzig Dollar gezahlt und er bekam sie für 25 Cent das Stück.

Er kaufte sie von Sammlern in Brasilien und Misiones. Er hatte vier Koffer mit Sperrholzplatten gebaut, die sich wie ein Buch öffneten. Er reiste mit einer Wanderausstellung über

Schmetterlinge, die nach Arten sortiert waren, durch Europa.

– Wie viel hat er pro Reise verdient?

Viel. Er lebte oben in den Zügen. Alles war umsonst. Dort schlief, wusch, rasierte er sich und aß von Stadt zu Stadt.
Er ging mit sechshundert Dollar und brachte nicht weniger als hunderttausend zurück. Trotzdem bat er Silvia nach zwei Monaten um ein paar Groschen, um Brot zu kaufen. So war er, vollkommen chaotisch mit Geld. Das Geld interessierte ihn nicht.

Veronica nahm am Interview mit folgender Anleitung teil: Die unerschütterliche Haltung einer Vase zu bewahren, zu beobachten und sich alles zu merken. Der Voyeur, der das Gespräch von Fremden ausspioniert. Ein Verfahren, um festzustellen, ob die Geschichte für einen neutralen Zuhörer plausibel war.

– Dieser Mann lebte von Schmetterlingen?, fragte Veronica fasziniert.

– Ja – antwortete Ibarra, und er verdiente damit über lange Zeit sehr gutes Geld.

– Reiste er nur geschäftlich? Ach nein, er war auch wegen anderer Sachen unterwegs. Ich habe ihn nicht gefragt, und er erzählte bis dahin, wo er wollte, aber ich weiß, dass er auf der letzten Reise darüber nachdachte, ein paar Fragen zu lösen.

In der Schweiz, sagte er, waren die Unterlagen, die die Geschichte beweisen.

Ibarra wurde 1943 auf dem Land um Chivilcoy geboren. Die erste Erinnerung seines Lebens war ein Nazi-Soldat. Er war fünf Jahre alt und saß oben auf dem Traktor. „Machen Sie eine kleine Pause", sagte die Mutter. „Ich kann nicht", antwortete der Bauerngehilfe, „ich muss nach Hause zurückkehren". Wolf war eine deutsche Mischung aus Pilger und verstoßener Schwalbe, die zu Fuß kam und nach Arbeit fragte. Er war Seefahrer bei Graf Spee, bis der Kapitän entschied, den Krieg an der Küste von Montevideo zu beenden. Er glaubte, von einem britischen Konvoi umgeben zu sein, und traf die Entscheidung, das Schiff zu versenken und sich selbst zu erschießen. Die Besatzung wurde vertrieben. Wolf verbrachte zwei Jahre damit, Säcke mit Weizen und Mais zu tragen. Er wurde pro Sack bezahlt. Bei seiner Verabschiedung überreichte er ein Geschenk. Die Luger mit der Inschrift Graf Spee wird in Ibarras Safe im Schützenverein von Chivilcoy aufbewahrt.

Auf dem Land lernte er, hart zu arbeiten. Einen Zaun reparieren, eine Mauer bauen, Holzplatten vom Schuppen auswechseln oder Tag und Nacht mit dem Lastwagen auf der Straße unterwegs sein. Er wollte eigentlich Rechtsanwalt werden, und zog deshalb nach Buenos Aires. Eine Zeitlang studierte er Jura. An den Wochenenden reiste er in das Landhaus eines Freundes nach Don Torcuato. Auf der anderen Seite des Zauns befand sich der Flughafen mit den Flugzeugen in der Nähe. Eine unwiderstehliche Attraktion. Er wurde Pilot einer doppelstöckigen Curtiss 1935, die eingesetzt wurde, um Nachrichten in den Himmel zu schreiben. Ein aristokratischer Mateproduzent, der eine Twin Bonanza besaß und nicht wusste, wie er die in Gang setzen sollte, gab ihm den ersten Job als Flieger. Auf Reisen nach Corrientes, Misiones und Paraguay sammelte er Flugstunden. Auf den Flugplätzen schloss er Freundschaften, und er kannte die Geheimnisse des Handels. In niedriger Höhe fliegen, Radargeräten ausweichen, auf abgeschiedenen Straßen landen.

Er hörte auf mit der Fliegerei und wurde ohne Antwaltstitel Besitzer einer Kanzlei in San Isidro. Das Diplom wurde von seiner Geschäftspartnerin, einer deutschstämmigen Anwältin hineingebracht. Die Kunden kamen aus der Gemeinde. An einem Nachmittag erschienen zwei Männer, die Rechtsbeistand brauchten. Einer von ihnen hatte Rechtsprobleme wegen versuchten Betrugs. Den anderen mochte er von Anfang an. Ibarra hatte sich ein Leben lang auf dieses Treffen vorbereitet: Es war Bittner.

– Ich wollte wissen, wie das Nazi-System war und fragte ihn nach den schwarzen Hemden, der Hitlerjugend und so fingen wir an zu plaudern. Später besuchte ich ihn zu Hause und er besuchte mich zusammen mit Silvia in meinem Haus. Ich zeigte ihm, wie man Asado macht, und wir blieben unzertrennliche Freunde.

Zu dieser Zeit schlug Bittner vor, eine Malerfirma zu gründen.

– Dem Deutschen gefiel es nicht zu arbeiten. Wir zogen einen Auftrag an Land und machten immer das Gleiche.

Am ersten Tag bemaß er das Lot, gab ein paar Anweisungen und dann sah man ihn nie wieder. Der erste Firmenauftrag war die Wohnung von Pedro und Geralda Olmo. Stadtteil Belgrano, Straße Sucre 2700.

– Nun gut, ich werde die Wahrheit sagen. Die Malerarbeit war nur ein Vorwand. Herbert rief an einem Freitag an, es war um Mitternacht und er sagte: „Mein Lieber, dieses Wochenende muss ein Büro gestrichen werden.“ Das bedeutete Aktentaschen.

Der erste Anruf war 1974.

– Goro, ich brauche dich, du musst mich im Auto mitnehmen, wir machen eine Spazierfahrt.

Ibarra hatte einen Torino-Coupé. Italienisches Pininfarina Design. Drei Vergaser, zweihundert Stundenkilometer.

– Wohin willst du?

– Nach Córdoba.

– Wann?

– Morgen wäre gut.

Er war überrascht.

– Komm zu mir und wir besprechen alles.

Bittner kündigte eine Blitzreise von vierundzwanzig Stunden an. Erster Halt in einer Fabrik in Munro.
Endziel die Stadt Córdoba, mit zwei Zwischenstopps.

Sie verließen Barracas um ein Uhr früh. Sie kamen in General Paz an und nahmen die Panamericana bis Fondo de la Legua. Bittner gab die Anweisungen durch ein Villenviertel, mit Gärten und Bäumen auf den Straßen.

– Hier.

Er zeigte auf ein großes Glasgebäude: Siemens Argentina. Sie parkten den Torin vor dem Haupteingang.

– Ich bin gleich wieder da, Goro.

Ibarra sah ihn beim Betreten von Siemens mit der Zuversicht von jemandem, der nicht zum ersten Mal in das Gebäude hineingeht. Er wartete draußen im Auto auf ihn. Er war gespannt. Fünfzehn Minuten später kam er mit jeweils einer Aktentasche in den Händen wieder raus.

– Mein Lieber, wo kann ich die verstecken?

Ibarra hob den Rücksitz an und fragte nichts.
Sie fuhren zurück auf die Panamericana und nahmen die Ausfahrt zur Autobahn Nummer 8. Sie rissen eine Strecke von sechshundert Kilometern ab. Santa Fe, dann im Süden der Provinz Córdoba, später Mittagessen an einer Raststätte für Lastwagenfahrer von Rio Cuarto. Bittner zahlte. Sie nahmen die Landstraße 36 in Richtung Norden. Der Torino flog. Ein gesätes Feld und in der Ferne hinter einem Berg voller Eukalyptusbäume stand ein davon geschütztes Haus. Dieselbe Landschaft, Kilometer für Kilometer. In Embalse erschienen Weidenbäume und Berge, Seen und Segelboote.
Umleitung Landstraße 5 bis Santa Rosa de Calamuchita, dort: Erster Zwischenaufenthalt.

Sie fuhren über einen mit Bäumen bepflanzten

Boulevard ins Dorf. Niedrige Häuser, Fahrräder, Autos. Für Ibarra sah alles gleich aus.

– Hier – sagte Bittner.

Die Villa am Ende eines Gartens voller Bäume. Er zog eine der beiden Aktentaschen unterm Sitz hervor. Er lief wie der Haushund rein und verschwand zwischen den Bäumen.

– Jetzt, Goro, nach General Belgrano – kündigte er beim Zurückkehren an.

Es ist die deutsche Hauptkolonie von Argentinien. Sie überquerten die Arkade vom Stadteingang. Gelber Stein und rote Ziegel. Zweistöckige Häuser aus Baumstämmen, Steinen, Schindeln, Dachgauben. Plakate der Gemeinde mit gotischen Buchstaben. Nationales Bierfest.

– Hier.

An der letzten Haltestelle stieg er mit der zweiten Aktentasche aus, die andere blieb auf dem Sitz liegen. Ibarra kam in Versuchung und öffnete sie. Leer. Er dachte: Und wenn der Deutsche mich dazu benutzt, Drogen zu verteilen?

Auf der Rückfahrt nach Buenos Aires vergaß er die Reise und die Aktentaschen, bis das Telefon klingelte.

- Goro, bereite das Auto vor.

- Nein, hör auf, Deutscher. Worum geht es hier überhaupt?

- Ich helfe Menschen, ganz ruhig, Goro.

Bei Siemens holten sie zwei Aktentaschen ab. In Miramar parkte er vor einem Gebäude mit einer Steinfassade. Auf dem Bürgersteig sah er einen Mann mit bekanntem Gesicht. Er rief ihn:

- Daumen runter – befahl Bittner.

- Ist das nicht Olmo?

- Sei still, frage jetzt nichts.

- Erzähl mir, was passiert ist – er war wütend.

- Nachher erkläre ich es.

Bittner stieg aus und begrüßte Olmo wie einen alten Freund. Sie liefen gemeinsam ins Gebäude. Eine halbe Stunde später war er wieder im Auto.

– Mein Lieber, das was wir verteilen, ist die Hilfe für die SS.

Ibarra verstand nichts.

– Bleib ruhig, Goro, ich mache nichts Komisches – er öffnete die zweite Aktentasche. Schau.

Ibarra schätzte, dass es nicht weniger als eine Million Dollar waren und nahm es gelassen hin. Er hatte gerade erfahren, dass er der Chauffeur für einen Mann war, der in Argentinien die Kriegsbeute an Nazi-Flüchtlinge verteilte.

Bittner kam an die Küste, wie ein Verlorener mit einer Schreibmaschine, dem Koffer mit den Papieren und einem Hund. In dieser Zeit hatte er den Verdacht, verfolgt zu werden, merkwürdige Geräusche im Telefon, all diese Dinge. Er ließ sich in dem Haus nieder, das in den Dünen versteckt lag. Er schaute den ganzen Tag aufs Meer hinaus. Der Hund begleitete ihn auf seinen Spaziergängen am Meer. Kurz vor Mittag stieß er einen Schrei aus: „Haben Sie Wein, meine Liebe?" Ibarras Ehefrau stellte ihm eine Flasche ans Fenster. Er nippte daran. Am frühen Morgen war die Flasche leer und die Schreibmaschine blieb still.

– Wusste Ihre Frau, wer er war?

– Ich habe es ihr nie erzählt. Für sie war er ein Freund und weiter nichts.

Zu Frauen hatte Bittner eine grundlegende Haltung, distanziert und misstrauisch. Ein logistisches Mittel. Essen und putzen. Ein Risiko. Er sagte: „Merken Sie sich das, die Frau geht Bananen einkaufen, sie spricht. Sie geht Brot einkaufen, sie spricht. Sie trifft sich mit der Nachbarin, sie spricht. Man muss aufpassen, mein Lieber, mit den Juden ist nicht zu spaßen. Mit Ibarra sprach er nie über seine Mutter. Vom Vater sagte er wenig, und log.

– Er war Kapitän eines U-Boots, das im Atlantik versenkt wurde. Mehr erzählte er mir nicht. Die Mutter erhielt eine Flagge als Heldin im Kampf, die sie Bittner überließ.

– Haben Sie die Flagge gesehen?

– Nein, ich weiß es, weil er es mir erzählt hat.

Er erfand Biografien über den Tod der Protagonisten. Er gab immer die Abwesenheit seiner Näheren entweder durch Heldentaten oder Muttersterblichkeit bei Entbindung vor.

– Man musste ihm beim Erzählen zuhören, um zu erfahren, was er wollte. Wenn man ihn etwas fragte, hat er sich automatisch verschlossen.

So war er. Was ich Ihnen versichern kann, ist, dass eine Organisation existierte und Herbert an ihr beteiligt war. Das weiß ich, das war kein Märchen.

– Welchen Platz hat er besetzt?

– Er war sehr engagiert. Die Polizei suchte überall nach dem Deutschen der Colonia Dignidad, aber sie konnte ihn nicht finden. Herbert wusste, wo er sich versteckte.

Er erhielt hunderte Briefe pro Monat. Sie kamen aus Österreich, Schweiz, Frankreich, Deutschland. Der Postbote war überrascht, denn niemandem im Ort brachte er so viele Briefe wie ihm.

– Sie sagen, dass es eine Organisation gab. Es an Geld nicht mangelte, wenn Sie beide zusammen Ihr Auto benutzt haben und Sie der Chauffeur waren? Wie passt das zusammen?

– Das frage ich mich auch. Wir haben die Hilfe mit wenig Mitteln verteilt und ich glaube nicht, dass das ein Zufall war. Wer wollte uns schon verdächtigen? Zwei gewöhnliche Typen in einem Torino, die an der Küstenstraße in Raststätten essen und in billigen Hotels übernachten. Wir bildeten eine armselige und unsichtbare Struktur. Ich glaube, dass uns deswegen niemand entdeckt hatte.

Zwischen 1974 und 1982 haben sie vier Reisen im Jahr unternommen. Zwei Aktentaschen pro Reise. Vierundsechzig Millionen Dollars.

– Ich tourte durchs Land, um Geldscheine zu verteilen. Sie erhielten dreihundert Millionen Dollar und haben sie behalten. Hin und wieder gab es einen, der Herbert ein paar Bündel abgab. Ich kannte sie alle, ich kann versichern, dass keiner von ihnen arm war, aber fragen Sie mich nicht nach Namen, weil ich nie danach gefragt habe, sie waren ohnehin falsch.

– Ich frage Sie nicht nach Namen. Ich gebe Ihnen einen, Haller.

– Es klingelt bei mir. Herbert erwähnte ihn, ich bin mir sicher, wer war er …?

Er wiederholte den Namen und schaute den Boden, die Wände, die Decke an. Er suchte ihn in seinem Gedächtnis, als wäre ihm die Erinnerung aus der Hand geflogen.

– Ich erinnere mich. Haller kümmerte sich um das Geld. Er übergab die Dollars an Siemens.

Alfredo Serra sah Walter Kutschmann auf einem Bürgersteig in Miramar, als er aus einem silbernen Mercedes Benz 170 ausstieg. Er war sommerlich gekleidet. Helle Hose, braunes Karohemd, Adidas-Turnschuhe. Serra wurde von der Zeitschrift Gente beauftragt, ein Fotograf begleitete ihn. Das war im Sommer 1976.

Kutschamnn hatte keine Ähnlichkeit mit den Bildern, die von Simon Wiesenthal vorgelegt wurden. Er sah alt und abgemagert aus. Das gesunde Aussehen jener Schnappschüsse, die Bittner zwei Jahre zuvor an der gleichen Stelle aufgenommen hatte, war verschwunden. Er war ein nackter Mann ohne Maske. Es war nicht mehr geheim, dass unter der Identität des spanischen Bürgers Pedro Olmo, der seit 1947 in Argentinien lebte und für die Verwaltung der Einkäufe von Osram Argentinien verantwortlich war, ein in Deutschland gesuchter Flüchtling wegen Kriegsverbrechen steckte.

Er benutzte ein silbernes Feuerzeug. Er rauchte schwarze Zigaretten. Er drückte einen Koffer gegen seine Taille.

- Ihnen wurde von Odessa geholfen – sagte Serra. Geld, Pässe.

- Odessa, was ist Odessa? Ein Buch, ein Film, nichts weiter – antwortete Kutschmann. Ich habe keine Hilfe erhalten. Hören Sie auf mit den Hirngespinsten.

Die Nachricht verbreitete sich in der ganzen Welt. Die Verhaftung war eine Frage von Stunden.

Serra schrieb: „Der Angeklagte hat es geschafft, den Zaun zu brechen und das Land zu verlassen. Wahrscheinliches Ziel Paraguay. Er ist verschwunden. Er hat sich aus dem Staub gemacht.

Das Telefon klingelte am frühen Morgen.

– Goro, es gibt ein Problem – nervöse Stimme. Wir brauchen ein Flugzeug.

– Brauchst du es mit Papieren? Woher soll ich ein Flugzeug nehmen, Deutscher?

Bittner kannte Ibarras Fliegervergangenheit und auch seine Flugplatzkontakte.

– Stört es Sie, wenn ich dorthin komme?

– Nein, du hast mich schon geweckt.

Es war fünf Uhr morgens.

Olmo wurde aufgespürt – er war umgeben von

den Teleobjektiven der Bundespolizei, eine unmittelbare Verhaftung war zu erwarten. Man muss ihn retten, Goro.

Ibarra akzeptierte.

Im Flughafen von Don Torcuato hatte er einen Freund mit eigenem Flugzeug, den man mit Spitznamen „Das Kaninchen“ nannte. Er war in Schmuggelgeschäfte verwickelt. Er flog Waren von der Colonia del Sacramento in Uruguay.

– Bringst du Zigaretten mit?, fragte „Das Kaninchen“.

– Nein, es geht um einen Zweibeinigen zur anderen Seite.

– Nicht mal im Suff. Hör auf, mir auf den Keks zu gehen.

Er ging ein paar Schritte. Er drehte sich um.

– Es wird doch nicht der aus den Zeitungen sein, oder?

– Doch, der.

Auf der Landebahn leuchtete das kleine Flugzeug Cessna 172 Skyhawk in der Sonne.

– Nimm es, sagte „Das Kaninchen“, aber macht keinen Fehler.

Es war das ideale Flugzeug. Es konnte in niedriger Höhe mit einer Geschwindigkeit von dreihundert Stundenkilometern fliegen. Es gab ein Risiko. Die Reichweite des Flugs erreichte 1300 Kilometer, das war die Distanz, die sie zurücklegen mussten. Er legte einen Ausweis mit den geleisteten Flugstunden und einen falschen Flugplan vor. Darin stand San Nicolas als Ziel, das heißt 250 km nördlich. Der tatsächliche Flugplan war Richtung Miramar, fünfhundert Kilometer nach Süden. Er flog nach Norden bis Delta, er überquerte die uruguayische Küste über dem Fluß Rio de la Plata, und kehrte zurück nach Don Torcuato.

Bittner kümmerte sich um die installierte Logistik in Kutschmanns Wohnung. Er hatte die Flucht inmitten von Journalisten und Fernsehkameras organisiert.

Sie kommunizierten übers Telefon. Sie vereinbarten einen Treffpunkt in der Nähe von Miramar auf der Route 11. Er musste um die Autos herum landen, die Pakete aufheben und starten. Es zählte jede Sekunde.

Niedrig fliegend hat er die Radare des Universitätsgeländes und des Militärflugplatzes in Quilmes vermieden. Er flog blind. Während sie näherkamen, sank er noch mehr. Der Bug der Cessna sank auf die weiße Linie der Landstraße.

Als Erstes sah er Bittner. Aus dem Seitenstreifen der Landstraße winkte er verzweifelt mit den Armen wie ein Schiffsbrüchiger. An seiner Seite – eine Frau.

Er ging in die Höhe und flog im Kreis. Er schaute auf die eine und dann auf die andere Seite und er wartete bis die Straße, auf der er landen sollte, frei wurde.

Die Frau war Kutschmann. Langes Sommerkleid, Hut, Perücke, Sandalen. Die Ehefrau Geralda stellte Kleidung und Accessoires zur Verfügung. Die Idee kam von Bittner. Sie gingen auf die Straße und durch das Spalier der Journalisten. Niemand schaute auf das Arm in Arm gehende Paar. Sie war eine kräftige Frau mit hartem Gesicht und er ein kleiner Mann von einem Meter sechzig.

Bittner auf dem Begleitersitz. Kutschmann dahinter wechselte seine Kleidung. Die Cessna wiederholte die Route nach Norden. Im Delta flog sie durch die Kanäle bis an die Küste Uruguays. Sie landete auf einem Feldweg in der Nähe der Kolonie in Uruguay.

Kutschmann klopfte Ibarra auf den Rücken. Mit Bittner besprach er etwas auf Deutsch. Er entfernte sich inmitten der einsamen Pampa mit einer Tasche in der Hand.

Lass uns gehen, Goro.

- Klar, oder glaubst du, dass ich darauf warte, bis jemand mich abholt?

Die Cessna kehrte zum Rio de la Plata zurück, mit Benzin für zehn Minuten Flug. Er musste streckenweise segeln, der Fluss war unendlich. In Don Torcuato wurde tadellos übergeben. „Das Kaninchen" erhielt fünftausend Dollar für die Zahlung der Miete.

Sie aßen auf dem Rückweg und die Sache war abgeschlossen.

Nach einiger Zeit klingelte es an der Haustür. Ibarra öffnete. Bittner überreichte ihm ein Paket.

– Besser, du öffnest es drin, mein Lieber. Der Freund schickt es.

In dem Paket waren fünfundzwanzigtausend Dollar, der Preis eines Flugzeugs. Ibarra trennte ein Bündel mit fünftausend und übergab es Bittner, der lehnte ab.

# 8. Schluss

Verdammte Männer, die sich in das Leben jener Menschen etablieren, die ein normales Leben führen und gute Absichten haben.
Wäre für die Geflüchteten ein ruhiges Leben ohne seine Hilfe überhaupt möglich gewesen? Eine verzweigte Maschinerie des Untergrunds auf dem Planeten. Komplizenschaft der Geheimdienste. Millionen Dollars zur Verfügung. Und mittendrin ermöglichen normale Menschen mit guten Absichten die Flucht.

Am 15. November 1985 nahm Interpol Walter Kutschmann fest. Er lebte zehn Jahre in Florida, nördlich von Buenos Aires. Er war zweiundsiebzig Jahre alt und leistete keinen Widerstand. Er sagte zu den Männern, die ihn abführten: „Es handelt sich um einen Fehler." Zeitungen und Nachrichten veröffentlichten die Nachricht zusammen mit einem Foto von 1975.

„Das ist Olmo", sagte Silvia, als sie sein Gesicht im Fernsehen sah. Ibarra war nachdenklicher: „Also war Pedro Olmo, den ich in Uruguay ließ, Kutschmann." In der Anklage gab es keinen Zweifel darüber, dass es sich um einen Kriegsverbrecher handelte. Das Neue an der Nachricht war für sie der Name. Sie ignorierten die Anzahl der Verbrechen, sie wussten, dass er ein Krimineller war.

Ibarra beschrieb ihn als angenehmen und herzlichen Mann, der ihn immer mit Respekt behandelt hatte, und zu ihm sagte, treten Sie ein, mein Herr, trinken Sie Kaffee? Außerdem hatte er eine Bibliothek, die ihn faszinierte. Man erreichte sie über eine vierstufige Holztreppe, die Wände waren mit Eichenvertäfelung verkleidet. Ein kurzer Korridor führte ihn in die Teestube, wo er saß und in Leder gebundene juristische Bücher las.

Ibarra, der Maler, las die Bücher von Kutschmann, dem Geflüchteten.

– Was da darin war …, was da drin war, sah aus wie eine Anwaltskanzlei.

Kutschmann war der Erste, der seinen Anteil von der Beute bekam.

Als wir die Hilfe aufteilten, fingen wir mit denen an, die in unserer Nähe waren.

Ibarra fragte nie, woher das Geld kam.

Silvia verbrachte einen Sommer in Miramar, in einer von Kutschmanns Wohnungen. Sie lernte Geralda und ihre Hunde kennen. Sie besuchte gelegentlich das Ehepaar im Belgrano Viertel. Sie war zum Abendessen eingeladen. Zum Kaffee trinken, um über Gott und die Welt zu reden.

Sie lernte ihn als korrekten und fürsorglichen Mann kennen.

- Er hatte Beschwerden mit der Atmung und ich kümmerte mich um ihn. Mit Übungen und Massagen habe ich ihn durch eine Art Reha wieder fit gemacht.

Die Hände lagen auf den Beinen. Die Hände ruhten still wie im Schlaf. Mit ihren Händen berührte sie seine Muskeln, die Oberhaut und die Nervenenden.

Ich dachte: Die Spuren bleiben auf dem Körper des Opfers; die Haut des Täters speichert keine Erinnerung.

Er war ein Mann mit vielen Freunden, nicht nur Deutsche. Die Menschen grüßten ihn liebevoll auf der Straße. Das habe ich gesehen.

Er sprach ruhig. Er gab jedem Wort einen Ton und Rhythmus, mit dem es nicht möglich gewesen wäre, die Durchfahrt des Nachtzuges, den Glanz des goldenen Zahnes, den Geruch des Krematoriums oder den verdrehten Schuh in der Grube zu beschreiben.

Ibarra weiß nicht, ob sie gut oder schlecht waren.

– Das ist relativ. Das hängt von den Vorstellungen jedes Einzelnen ab.

Ibarra wählte die Worte aus. Er nannte den Flüchtling einen Exilanten, den Leiter einen Kriminellen, die Hilfe eine Beute.

– Wissen Sie, warum er seinen Namen verheimlicht hat?“, fragte ich Silvia.

– Ich vermute es, obwohl ich es nicht weiß, was Kutschmann im Krieg getan hatte. Schauen Sie, die Menschen sind seltsam. Du sagst zu jemandem, „der ist ein Mörder“ und das geht weiter an jemand anderen. Danach an den nächsten und plötzlich interessiert man sich dafür mehr als für die Realität, und plötzlich ist er für jeden ein Mörder. Er hat vielleicht nie jemanden getötet, aber es genügte, wenn jemand ihn seiner Schuld bezichtigte. Ich weiß nicht, das menschliche Wesen ist seltsam.

Sie empfanden kein Entsetzen, keine Empörung, keine Reue. Es gab nur Gleichgültigkeit.

Das ist merkwürdig.

Die Hälfte des Tickets lag auf dem Tisch.

– Das war das Identifikationssystem, Herbert hatte die Hälfte eines Dollars.

Er streckte seine Hand langsam aus und ging mit seinem Finger über die Oberfläche.

– Die andere Hälfte war in der Schweiz. Nummerierung und Schnittform mussten übereinstimmen.

Ibarra kannte Teile der letzten Reise. Er wusste nicht, was er holen sollte. Aber er wusste, dass, egal was es war, er es nicht erhalten hatte. In Zürich traf er sich mit einem Chef der Organisation.

Auf einem Foto erkannte Ibarra sein Gesicht.

Ein alter Mann neben dem Sohn von vierzig Jahren.
Er wusste, dass der Sohn bei einem Flugzeugunglück ums Leben gekommen war. Der Nachname klang mehr oder weniger so: Schaufenberger.

- Fragen Sie mich nicht, wie man das schreibt.

Bittner nannte ihn Calito. „Vergessen Sie alles", sagte Calito.

Ibarra las mit hoher Stimme.
Basketball Championship. Civic Center Arena 29, Freitag, 1974.

Das Ticket wurde im Dokumentenhalter aufbewahrt, seitdem er es erhalten hatte. Es verlor an Farbe.

- Deinen Namen – so sagte er sehr ernst – den hat ein anderer.

- Was heißt das?

- Dass, wenn er nicht im Gefängnis ist, und nicht tot ist, dich jemand suchen wird.

– Das glaube ich nicht, für mich war es eine Inszenierung.

– Ich weiß, was ich sage.

Veronika sagte später, dass sie in diesem Moment nichts verstanden hat. Sie sagte später, Ibarra geglaubt zu haben.

Dass sie mit dem Eindruck wegging, einem Mann zugehört zu haben, der wie ein Elektriker aussah und von fantastischen Abenteuern seiner Jugend wie ein Spiel erzählte, ohne dabei Konzentrationslager oder Gaskammern zu erwähnen.

Er wusste von dem Buch. Er hatte ihm davon erzählt: „Sie werden meine Geschichte schreiben, mein Lieber, bald wirst du sie lesen."

Ich fühlte, dass ich in all der Zeit vom Willen eines anderen gelenkt wurde.

– Daher überraschte mich Ihr Anruf nicht, aber ich habe Sie schon viel früher erwartet.

– Er hatte mir nie von Ihnen erzählt.

– So war Herbert, er machte es dir schwer.

Er entfloh der Kindheit, Männer, die ihrem Verbrechen entkamen, kreuzten seinen Weg. Er war ein einfacher Mann, der von einer schrecklichen Geschichte durchbohrt wurde. Er kannte die Verlassenheit in allen Varianten. Vielleicht ist das der Grund, warum er seine Hunde liebte.

# Fotos & Dokumente

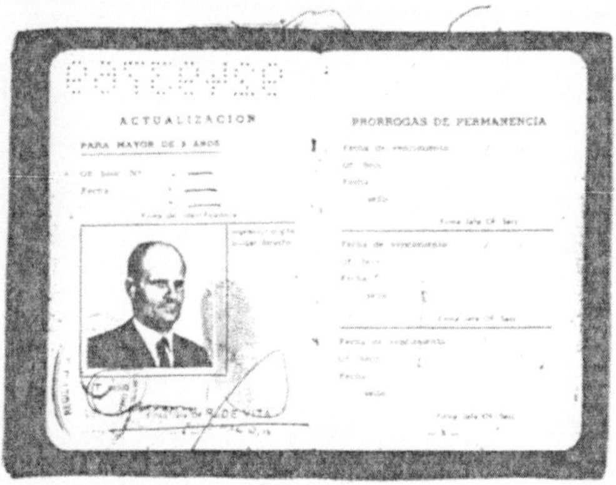

*Argentinischer Pass von Herbert Bittner, ausgestellt 1982*

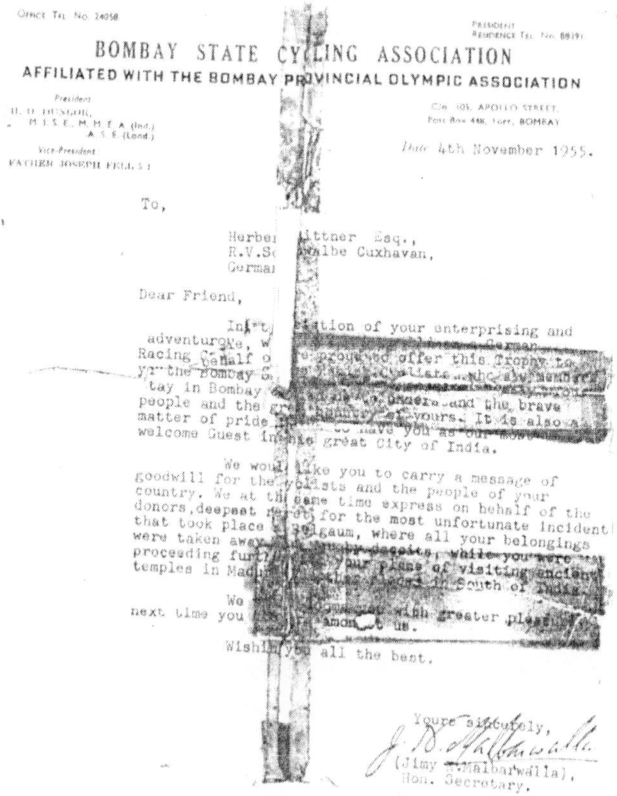

OFFICE TEL. No. 24058

PRESIDENT RESIDENCE TEL. No. 88191

BOMBAY STATE CYCLING ASSOCIATION

AFFILIATED WITH THE BOMBAY PROVINCIAL OLYMPIC ASSOCIATION

President
H. D. DUNGOR,
M. I. S. E., M. M. E. A. (Ind.)
A. S. E. (Lond.)

Vice-President
FATHER JOSEPH FELL, S. J.

C/o 105, APOLLO STREET,
Post Box 448, Fort, BOMBAY

Date 4th November 1955.

To,

Herbe[illegible] [illegible]ittner Esq.,
R.V.S[illegible]walbe Cuxhaven,
Germa[illegible]

Dear Friend,

In [illegible] [illegible]ation of your enterprising and adventurous, w[illegible] [illegible] German Racing [illegible] behalf o[illegible] [illegible] proud [illegible] offer this Trophy to y[illegible] the Bombay S[illegible] [illegible] Cyclists [illegible] [illegible]tay in Bombay [illegible] [illegible] and the brave people and the gr[illegible] [illegible] of yours. It is also a matter of pride [illegible] to have you as our most welcome Guest in this great City of India.

We would like you to carry a message of goodwill for the cyclists and the people of your country. We at the same time express on behalf of the donors, deepest regret for the most unfortunate incident that took place [illegible] Belgaum, where all your belongings were taken away [illegible] by dacoits, while you were [illegible] proceeding fur[illegible] [illegible] your plans of visiting ancient temples in Madu[illegible] [illegible] in South of India.

We [illegible] [illegible] with greater pleas[illegible] next time you [illegible] among us.

Wishing you all the best.

Yours sincerely,

J. D. Malbarwalla

(Jimy [illegible] Malbarwalla),
Hon. Secretary.

*Brief der Bombay Cycling Association, Indien, 1955*

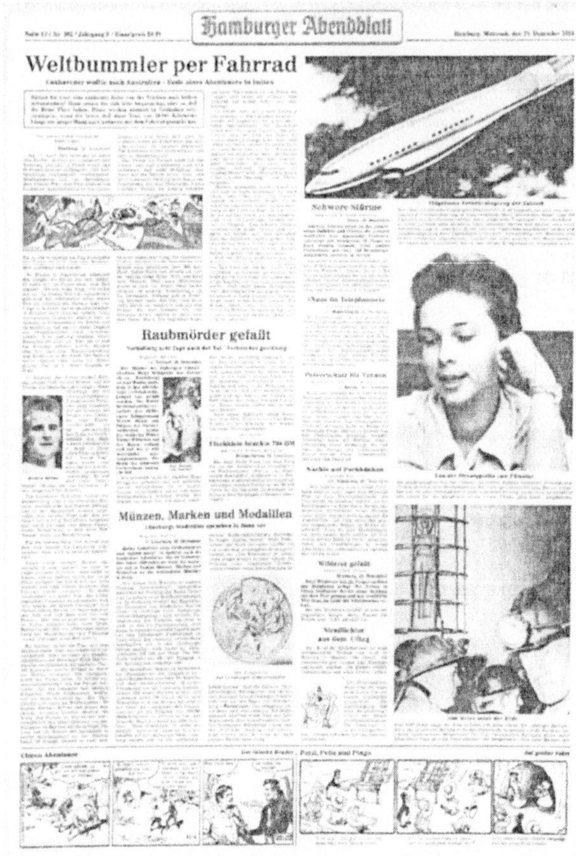

Hamburger Abendblatt

# Weltbummler per Fahrrad

## Raubmörder gefaßt

## Münzen, Marken und Medaillen

*Interview nach Rückkehr aus Cuxhaven - Bombay Reise veröffentlicht Hamburger Abendblatt, 28.12.1955*

# Weltbummler per Fahrrad

Cuxhavener wollte nach Australien · Ende eines Abenteuers in Indien

## Raubmörder gefaßt

## Münzen, Marken und Medaillen

Cuxhavener Nachrichten 26.04.2001

Mit diskutieren im Forum!

## Dokumentation über den „Ritter des Pedals"

In den 50er Jahren radelte der Cuxhavener Herbert Bittner nach Australien

man. - In den 50er Jahren machte der Grodener Herbert Bittner Schlagzeilen: Der damals 19-Jährige reiste mit dem Fahrrad von Cuxhaven nach Australien, später stellte er einen Weltrekord im Dauerradfahren auf. Mittlerweile lebt Bittner in Argentinien. Dort steht er zur Zeit im Mittelpunkt einer TV-Dokumentation.

"Er ist ein wahrer Ritter des Pedals", jubelte die Cuxhavener Zeitung am 18. April 1955, als der gebürtige Cuxhavener Herbert Bittner am Kaemmererplatz zu einer ungewöhnlichen Radtour startete. Mit leichtem Gepäck - Zelt, Schlafsack und Gaspistole - radelte der Grodener in Richtung Australien. Und das ohne einen Pfennig in der Tasche: "Wenn es notwendig ist, wird er sich durch Arbeit seinen Unterhalt verdienen oder aber gegen Honorar seine Reiseerlebnisse ausländischen Zeitungen zur Verfügung stellen", schrieb die Cuxhavener Zeitung.

Später machte Radler Bittner mit dem Weltrekord im Dauerradfahren Schlagzeilen: Er legte eine 500 Kilometer lange Strecke in der Rekordzeit von 17:29:20 Stunden zurück.

Mittlerweile ist es ruhiger geworden um Herbert Bittner. Der 67-Jährige lebt fern der Heimat - in Argentinien. Der argentinische Journalist Daniel Otero spürte den Deutschen auf. In einer TV-Dokumentation will Otero Bittners Lebensweg Revue passieren lassen.

Um auch Herbert Bittners "Sturm-und-Drang-Zeit" angemessen würdigen zu können, trat Daniel Otero mit der Nordsee-Zeitung und den CUXHAVENER NACHRICHTEN per E-Mail in Kontakt. Die CN forschten im Stadtarchiv nach und stellten die gefundenen Artikel über Bittners "Tour de Australia" dem TV-Journalisten zur Verfügung.

Social Bookmarks: Diesen Artikel bookmarken bei ...

*Nachricht vom Auftritt von Herbert Bittner, El Caballero del Pedal, in Argentinien; Cuxhavener Nachrichten, 26.04.2001*

Hello Mr. Otero.

My name is Inge Bartnik, my borne name is Inge Sperberg, and I am the sister of Herbert Bittner.
I am 55 years old now and I was 19 when I saw him the last time, my name than was Inge Stewart. 2 years later, we talked on the phone when I was in America. Since than I have never heard from him again. I thought that he was death. Therefore I was very surprised and happy to see his picture in the CUXHAVENER NACHRICHTEN and to read that hi lives in Argentinien.

Please contect him and let him know, that I want to hear from him and that I have never forget him.
Also his oldes son Herbert and wife wants to see him and also his granddoughter( 21 years old) and grandson( 9 years old). His son wants to see his father .........
Maybe it is possible to send me the Adresse from Herbert Bittner.

Tell him that I still love him like his sister. We did not had the same parents but we got raised up like brother and sister.
I hope I hear from you soon.

Inge Bartnik

*Erste E-Mail von Inge Bartnik, der Schwester von Bittner; 21. Mai 2001*

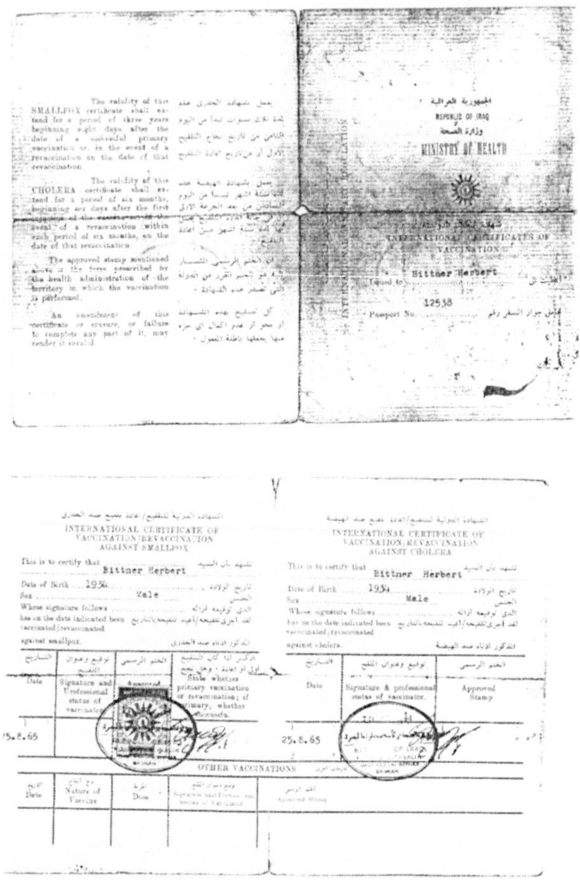

The validity of this SMALLPOX certificate shall extend for a period of three years beginning eight days after the date of a successful primary vaccination or, in the event of a revaccination, on the date of that revaccination.

The validity of this CHOLERA certificate shall extend for a period of six months, beginning six days after the first injection of the vaccine or, in the event of a revaccination within such period of six months, on the date of that revaccination.

The approved stamp mentioned above is the form prescribed by the health administration of the territory in which the vaccination is performed.

Any amendment of this certificate or erasure, or failure to complete any part of it, may render it invalid.

REPUBLIC OF IRAQ
MINISTRY OF HEALTH

INTERNATIONAL CERTIFICATES OF VACCINATION

Issued to Bittner Herbert

Passport No. 12538

INTERNATIONAL CERTIFICATE OF VACCINATION/REVACCINATION AGAINST SMALLPOX

This is to certify that Bittner Herbert
Date of Birth 1934
Sex Male
Whose signature follows
has on the date indicated been vaccinated/revaccinated against smallpox.

| Date | Signature and professional status of vaccinator | Approved stamp | State whether primary vaccination or revaccination; if primary, whether successful |
|---|---|---|---|
| 25.8.65 | | | |

INTERNATIONAL CERTIFICATE OF VACCINATION/REVACCINATION AGAINST CHOLERA

This is to certify that Bittner Herbert
Date of Birth 1934
Sex Male
Whose signature follows
has on the date indicated been vaccinated/revaccinated against cholera.

| Date | Signature & professional status of vaccinator | Approved Stamp |
|---|---|---|
| 25.8.65 | | |

OTHER VACCINATIONS

| Date | Nature of Vaccine | Dose | Signature and Professional status of Vaccinator | Approved Stamp |
|---|---|---|---|---|
| | | | | |

*Impfbescheinigung im Irak auf den Namen Herbert Bittner; 25. August 1965*

*Serie von Mittelformatfotos aus Asien und dem Nahen Osten; 1965*

*Serie von Mittelformatfotos aus Asien und dem Nahen Osten; 1965*

# Angriff in Montevideo. Zeitungen und Nachrichtenagenturen in Buenos Aires verfolgten den Fall im September 1966

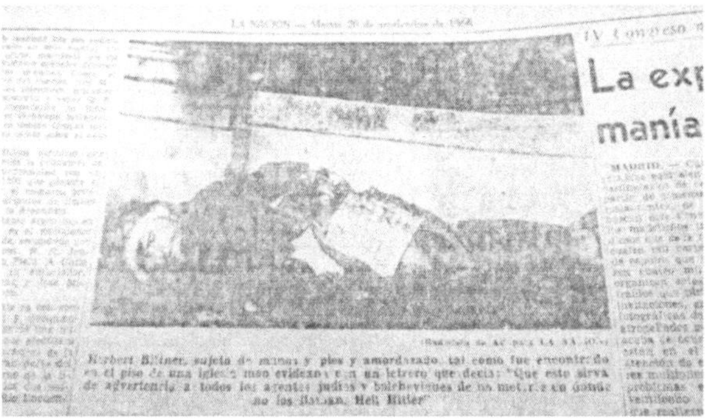

LA NACION — Martes 20 de septiembre de 1966

La exp

manía

Herbert Billner, sujeto de manos y pies y amordazado, tal como fue encontrado en el piso de una iglesia, muso evidente en un letrero que decía: "Que esto sirva de advertencia a todos los agentes judíos y bolcheviques de no meterse en donde no los llaman. Heil Hitler"

## En Montevideo se registró un raro episodio policial

MONTEVIDEO, 19 (Especial). — Sobrecogió esta mañana a los lectores de diarios la fotografía de un hombre joven y fuerte amordazado y atado de pies y manos, con una gran mancha negra en la frente y un cartel que decía así: "Que esto sirva de advertencia para todos los malditos agentes judeo-bolches y así no meten sus narices donde no deben. Heil Hitler".

Se sabe por declaraciones de quienes le conocían relativamente que procedía de Alemania Occidental y que era anticomunista.

Pero las dudas comienzan temprano con la investigación que se lleva a efecto, pues según declaraciones que habría formulado al propietario del hotel en que se hospeda con fama de no muy puntual pagador, era diplomático alemán y ...

*La Nación*

ción ferroviaria, industrial, automotriz, de abastecimiento, manufactura de cobre, etcétera.

URUGUAY

Fue Hallado Golpeado y En Grave Estado un Agente De una Organizacion Judia

**Montevideo,** 19 (UP) — Brutalmente golpeado y maniatado fue encontrado esta madrugada en grave estado el ciudadano alemán Herbert Bittner, identificado como miembro de la Organización Judía Internacional con asiento en Hamburgo.

Bittner, que tiene 31 años, fue conducido inmediatamente a un hospital, donde dijo haber sido víctima de un agente nazi.

GAMUZA

URUGUAY

Refirióse el Ministro del Interior a un Presunto Atentado Antisemita

La Prensa

UN CASO TURBIO

La Razón

ALEMAN ACUSA A PFEIFFER:

# "YO SOY NAZI DE LOS BUENOS"

"SOY NAZI, pertenezco al Partido Nacional Socialista alemán. Estoy aquí como agente de mi organización para informar sobre los nazis chilenos. He comprobado que los grupos de Franz Pfeiffer están formados por fanáticos que nada tienen que ver con la auténtica ideología de nuestro movimiento".

El hombre, rubio, de pequeña estatura, con una cicatriz en la frente, habla rápidamente en idioma alemán. [illegible]

de improviso, portando en sus manos un ejemplar de la edición en que los nazis de Pfeiffer aparecen en la portada saludando la bandera con la swástica. Insiste una y otra vez: "Soy nazi.

Quiero denunciar al grupo de Pfeiffer como una organización que no tiene nada de nazi. Esto lo hago porque es mi deber resguardar el prestigio de los nazis verdaderos, como yo".

Cuenta largamente, con detalles, su militancia política y las intimidades del partido al que asegura pertenecer.

"Nuestra organización es clandestina. El nacismo está prohibido en Alemania igual que el comunismo. Contamos con más de dos millones de simpatizantes en el país, principalmente gente joven. No desechamos totalmente la ideología hitleriana, pero nos hemos dado cuenta de que el partido cometió graves errores entre 1939 y 1945, especialmente en la persecución de los judíos, los campos de concentración y matanza de civiles. Defendemos la supremacía de la raza blanca, no exclusivamente la aria, pero no aceptamos a los negros.

"En nuestras filas militan hombres de mucha importancia, especialmente gente adinerada que protege a nuestro partido en todo el mundo. Tenemos registrados entre 8 y 10 mil nazis alemanes que abandonaron el país, al término de la guerra, con nombres verdaderos o falsos. Disponemos de doce agentes que recorren el mundo entero. Yo soy uno de ellos. He recorrido 41 ciudades de diferentes países.

Habla con seguridad, sin caer en contradicciones. Asegura que su labor nada tiene que ver con el terrorismo "ni con matar gente". Muestra su pasaporte, repleto de visas de todo el mundo, incluso Israel. Su partido —afirma— le envía regularmente 800 dólares mensuales.

## PFEIFFER

Acusa a Pfeiffer, después de un largo preámbulo:

—Llegué a Chile para informarme sobre los grupos nacistas vinculados al norteamericano Rockwell. Me [illegible] a las oficinas de Pfeiffer [illegible] hablar con él. [illegible]

nazi. Enseguida me hicieron pasar a [illegible] oficina. Me identifiqué y le expli[qué] la razón de mi viaje: conocer su or[ga]nización para ver si coincide con [la] nuestra y ver la posibilidad de coor[di]nar nuestras acciones, y, además, p[ro]porcionarles apoyo financiero. Se m[a]nifestó de acuerdo. Me dio credencia[l] y acordamos en que empezaría mi i[ns]pección por la zona norte. Conviví [al]gunos días con su grupo. Toda gen[te] joven, que en el local usa camisa pa[r]da y swástica. En las noches se reún[en] a cantar himnos nazis y antijudíos.

"Un día cayó en mis manos una ca[r]ta escrita en alemán. Me di cuenta, en[]tonces, que Pfeiffer no es el verdade[ro] jefe del partido, sino que una espec[ie] de ejecutor oficial de las órdenes q[ue] vienen de otra parte. Empecé a sosp[e]char.

"Viajé a Putaendo y conocí a Fran[]cisco Madrid, quien se jactó de la fo[r]ma en que había engañado a los pe[]riodistas chilenos cuando se hizo pasa[r] por el norteamericano Rockwell. M[e] disgustó todo esto y mucho más cuand[o] Pfeiffer me aseguró que había pagad[o] a algunos periodistas para llevar ade[]lante la farsa de Francisco Madrid.

"Viajé, además, a Antofagasta, L[a] Serena, Copiapó, Ovalle y Arica. Cono[c]í todos los grupos nazis que allí exis[]ten, controlados por Pfeiffer. Casi to[dos] sus militantes son jóvenes fanáti[cos] [illegible] de ellos estudiantes. No tie[nen] la menor idea de la verdadera ideo[logía] nazi, pero obedecen ciegamente a Pfeiffer. Estoy seguro de que si les or[]denara marchar sobre Santiago lo ha[]rían sin vacilación. Pfeiffer insiste a sus militantes, una y otra vez, que "ya llegará el día de la violencia".

"Cuando regresé a Santiago, [illegible] a Pfeiffer para coordinar planes concretos: propaganda, reclutamiento, adoctrinamiento, etc. Nada obtuve.

*Herbert Bittner-Interview von Erika Vexler Ercilla, Juli 1967, Chile (Handschriftlicher Zusatz gehört Bittner)*

*Fotoabzüge der für Ercilla produzierten Serie*

*Rückseite der Abzüge*

*Dreißigjährige Memoiren von Franz Pfeiffer*
*Herbert Bittner, Autor des Brandes in der Zentrale der NSDAP in Chile; 1984*

*Fotografien von Walter Kutschmann (Pedro Olmo) und Geralda Baeumler von Herbert Bittner. Miramar, Argentinien, 1974*

*Silvia, Bittners Frau, an der Tür des rosa Hauses,*
*mit Toby und den Tauben*
*San Cristóbal, Buenos Aires, 25. Juli 2011*

*Feier zum 55. Jahrestag der Waffen-SS organisiert von HIAG*
*Büchen, Juli 2009*

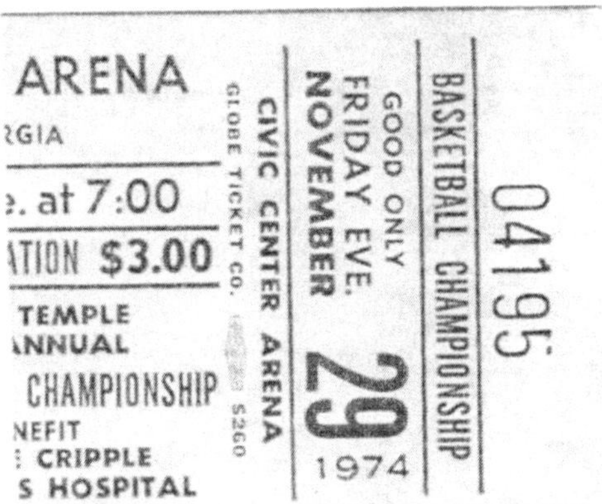


*Ticket von Herbert Bittner als Identitätsnachweis Abschiedstag, November 1999*

**PERSONALNACHRICHTEN**

**Geburten**

Miranda Gallego Diez, am 26.3.

**Geburtstage**

Max Hochberger, 95, am 1.4.07.

**Todesfälle**

Gertraude Nenninger geb. Netzel, 85, am 11.3.
Diana von Oppen geb. Gräfin von und zu Eltz, am 28.3.
Walter Erich Leopold Haas, 88, am 26.3.
Siegbert Baruch, am 29.3.
Agnes Heckhausen geb. Bendlin, 76.

**Geburtstage im Altersheim „Los Pinos"**

Roveri Olivia, 74, am 14.4.; Mercuri Victoria, 80, am 17.4.; Boerkey Irmgard, 84, am 19.4.; Morcillo López, 78, am 19.4.; Liebenthal Pao, 89, am 20.4.; Kahle Hilda, 68, am 23.4.; Enders Marta, 85, am 25.4.

**Todesfälle m Altersheim „Los Pinos"**

Silveira M. Angélica, am 21.2.; Malter Terrada, 85, am 23.2.; Schulz Erica, 66, am 1.3.; Rank Kurt, 82, am 12.3.; Bittner Herbert, 72, am 19.3.; Seybold Margarita, 88, am 23.3.; Carstens Luisa, 97, am 25.3.

*Tod von Herbert Bittner. Argentinisches Tageblatt, 31. März 2007*

*Herbert Bittner, der Ritter des Pedals*

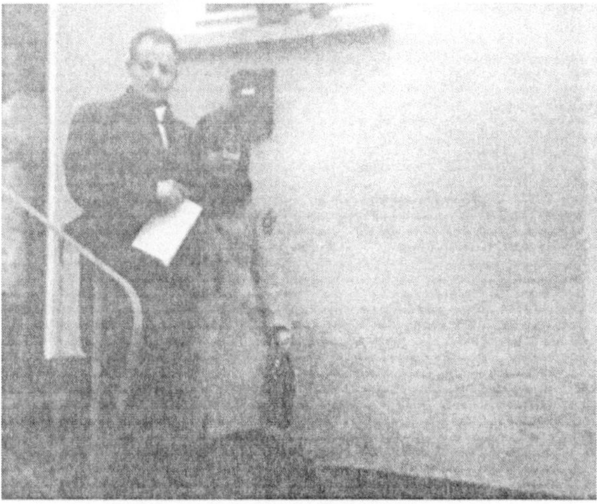

*Herbert Bittner und seine Adoptiveltern, Cuxhaven 60er. Unten: Herbert Bittner und Inge Bartnik, Stiefschwester, in Haßloch, 1965*

*Herbert Bittner in Samara 1955*

# Pressemeldungen aus Deutschland

Auf der Radweltfahrt nach Singapore ebenfalls überfallen

Unsere Fotos entstanden vor [illegible] Jahren, als Herbert Bittner zu seiner Radweltfahrt nach Singapore startete, die nach 10 000 Kilometern im indischen Busch ein plötzliches Ende fand, als ihn Räuber überfielen. Links: Der [illegible] vor dem Start. — Rechts oben: Unterwegs in Goa bei [illegible] Herbert Bittner im [illegible]. — Rechts unten: Am Cuxhavener Bahnhof nach der Rückkehr von der verunglückten Radfahrt. Im Paket ein Pokal, den ihm der Radfahrclub von Bombay verlieh, [illegible] als Schmerzensgeld für die Prügel im Busch. Daneben ein Fußball, den Herbert Bittner aus Pakistan für einen [illegible] Fußballklub mitbrachte.
Foto: Albert [illegible]

Jetzt [illegible]

Auch die Ärzte glaubten, daß Bittner simulierte

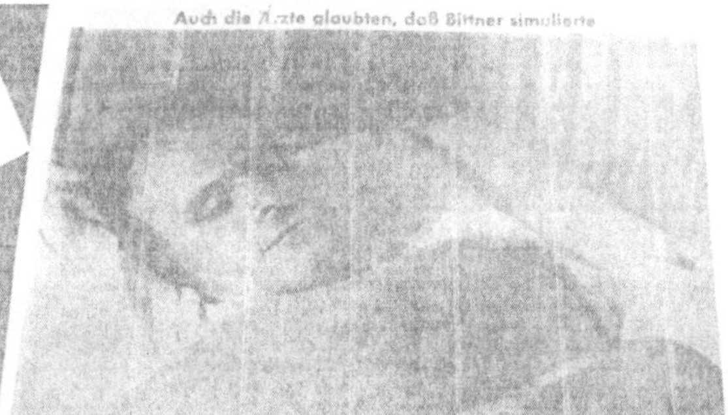

Im Krankenhaus von Montevideo, wo Bittner nach dem Ueberfall Aufnahme fand, glaubten die Aerzte, daß er simulierte und in Wirklichkeit gar nicht so schwer verletzt war. Unser Foto zeigt ihn kurz nach seiner Einlieferung in die Krankenanstalt „Maciel". Lesen Sie unseren heutigen Bericht. Foto: [illegible]

Die Cuxhavener Zeitung berichtete im April 1955 ausführlich über Herbert Bittners Fahrradtour nach Australien. Mittlerweile lebt der Grodener in Argentinien.
Foto: Mangels

# Dokumentation über den „Ritter des Pedals“

## In den 50er Jahren radelte der Cuxhavener Herbert Bittner nach Australien

**man. – In den 50er Jahren machte der Grodener Herbert Bittner Schlagzeilen: Der damals 19-Jährige reiste mit dem Fahrrad von Cuxhaven nach Australien, später stellte er einen Weltrekord im Dauerradfahren auf. Mittlerweile lebt Bittner in Argentinien. Dort steht er zur Zeit im Mittelpunkt einer TV-Dokumentation.**

„Er ist ein wahrer Ritter des Pedals“, jubelte die Cuxhavener Zeitung am 18. April 1955, als der gebürtige Cuxhavener Herbert Bittner am Kaemmererplatz zu einer ungewöhnlichen Radtour startete.

Mit leichtem Gepäck – Zelt, Schlafsack und Gaspistole – radelte der Grodener in Richtung Australien. Zunächst nach Österreich, dann nach Venedig und Triest, anschließend durch Jugoslawien, Türkei und Indien.

Und das ohne einen Pfennig in der Tasche: „Wenn es notwendig ist, wird er sich durch Arbeit seinen Unterhalt verdienen oder aber gegen Honorar seine Reiseerlebnisse ausländischen Zeitungen zur Verfügung stellen“, schrieb die Cuxhavener Zeitung.

Sorgen machte sich die Cuxhavener Zeitung offenbar um Bittners Sprachkenntnisse: „Er wird sich bei der Verständigung mit anderen Völkern hauptsächlich der Zeichensprache bedienen müssen, denn seine paar englischen Brocken sind nicht von weit her.“

Später machte Radler Bittner mit dem Weltrekord im Dauerradfahren Schlagzeilen. Er legte eine 500 Kilometer lange Strecke in der Rekordzeit von 17:29:20 Stunden zurück.

### Bittner lebt heute völlig zurückgezogen

Mittlerweile ist es ruhiger geworden um Herbert Bittner. Der 67-Jährige lebt fern der Heimat – in Argentinien. Nur noch selten steigt Bittner auf seinen Drahtesel. Der einstige „Radsport-Fanatiker und Lebenskünstler“ (Cuxhavener Zeitung) lebt völlig zurückgezogen.

Dennoch spürte der argentinische Journalist Daniel Otero den Deutschen auf. In einer TV-Dokumentation will Otero Bittners Lebensweg Revue passieren lassen.

### Recherche im Stadtarchiv

Um auch Herbert Bittners „Sturm-und-Drang-Zeit“ angemessen würdigen zu können, trat Daniel Otero mit der Nordsee-Zeitung und den CUXHAVENER NACHRICHTEN per E-Mail in Kontakt. Die CN forschten im Cuxhavener Stadtarchiv nach und stellten die gefundenen Artikel über Bittners „Tour de Australia“ dem argentinischen TV-Journalisten zur Verfügung.

Cuxhavener Zeitung

# Ein wahrer Ritter des Pedals

## Middelhauve: Freiheit und Recht

## Betrunkener im fremden Auto

## Wahlrecht ist Wahlpflicht

Cuxhavener Zeitung

# Herbert Bittner aus Groden wieder auf freiem Fuß

## Verfahren gegen ihn in Montevideo eingestellt

Der 33jährige Herbert Bittner aus Cuxhaven-Groden, der nach einem fingierten Anschlag auf ihn in Uruguay verhaftet worden war, befindet sich wieder auf freiem Fuß. Ein Richter in Montevideo verfügte jetzt die Einstellung des Verfahrens gegen Bittner, das wegen illegalen Waffenbesitzes eingeleitet werden sollte.

Wie berichtet, hatte Herbert Bittner in den vergangenen Tagen Schlagzeilen gemacht, als er vorgab, Opfer eines antisemitischen Attentats geworden zu sein. [illegible] Anruf in der Redaktion der in der Hauptstadt Uruguays, Montevideo, erscheinenden Morgenzeitung „La Mañana", hatten Journalisten den [illegible] in der Hafengegend der Hauptstadt aufgefunden.

Vor der Polizei erklärte Bittner später, er reise im Auftrag der jüdischen Weltorganisation, um Nazis aufzustöbern. [illegible]

[illegible] steht auf der Fahndungsliste der deutschen Polizei. Unter anderem [illegible] auch in seiner Heimatstadt Cuxhaven ein Verfahren gegen ihn. Außerdem wird er von den Staatsanwaltschaften in Bamberg, Nürnberg-Fürth, Coburg und Bremen wegen Betruges und Unterschlagung gesucht. [illegible]

Bittner, der als Inhaber [illegible] Tausend-Kilometer-Fahrten über 500 Kilometer vor einigen Jahren [illegible] Beachtung fand, hatte bereits 1955 Aufsehen erregt, als er in der Nähe von Bombay angeblich Opfer eines Überfalls geworden war. [illegible] in Uruguay hatte Bittner zunächst Glauben gefunden. Jetzt glaubte der Gewinnder.

Als erfolgreicher Sportler machte Herbert Bittner Schlagzeilen. Jetzt narrte er die Bevölkerung von Montevideo.

Frankfurter Rundschau

# Der Haß auf beiden Seiten ist grenzenlos

**…utsche Rückkehrer aus Pakistan berichten / Für 1700 Mark im Taxi von Lahore nach Karatschi**

# Herbert Bittner schaffte Weltbestleistung

**500 Kilometer Dauerradfahren in 17:29:20 Stunden – 29,8 km/h**

[illegible]

Ein [illegible] Versuch Bittners [illegible] endete [illegible] einem schweren Sturz [illegible] nach den ersten 80 Kilometern. [illegible] Der Hinterreifen ging entzwei und mußte bei

Herbert Bittner nach seiner Rekordfahrt

Dunkelheit geflickt werden. Von Hannover aus hatte Bittner Rückenwind und holte auf der Fahrt nach Hamburg eine gute Zeit heraus, stürzte aber, als ihm ein Wagen mit hoher Geschwindigkeit entgegenkam und ihn von der Fahrbahn drängte.

Während der letzten 45 Kilometer hatte der Radsportler zwar die Gewißheit, daß er den alten Rekord weit unterbieten würde, aber gerade diese Strecke forderte die letzten Reserven und den guten Zuspruch der im Kontrollfahrzeug begleitenden Zeitmesser. Drei Kilometer vor Ottersdorf waren die 500 Kilometer überwunden, und die Uhren zeigten 17:29:20 Stunden, das entspricht einer Geschwindigkeit von 29,8 Kilometern.

Vor dem „Haus der Jugend" empfingen gestern die Radsportfreunde den abgekämpften Rekordfahrer, der im kommenden Jahre auch den 2000-Kilometer-Rekord eines Amerikaners einstellen möchte. Zunächst bedarf die jetzige Weltbestleistung noch der Anerkennung durch den Bund Deutscher Radfahrer in Frankf[…] und dessen übergeordnete Verbände.

# Die Polizei berichtet …

## Schülerin wurde verletzt

Leichte Verletzungen erlitt gestern mittag gegen 13 Uhr auf der Papenstraße eine radfahrende Schülerin, die mit einem Personenkraftwagen zusammenstieß. Nach einer Behandlung in den Städtischen Krankenanstalten konnte sie jedoch wieder in die elterliche Wohnung entlassen werden.

## Sechs Hühner gestohlen

Aus einem Hühnerstall in der Kleingartenkolonie „Gut Grün" wurden, wie die Polizei erst heute meldet, in der Nacht zum Sonnabend sechs Legehühner entwendet.

## Pkw sichergestellt

Von der Polizei wurde am Sonnabend gegen 8.30 Uhr ein Personenkraftwagen sichergestellt, der bereits seit mehreren Tagen auf dem Parkplatz neben dem Amtsgericht gestanden hatte. Die polizeilichen Ermittlungen ergaben, daß das Fahrzeug vor kurzem in Bremen gestohlen worden war. Jetzt wird es dem Eigentümer wieder zugestellt.

## Tödlicher Verkehrsunfall

**Zwei Opfer forderte der schwere Verkehrsunfall, der sich am Sonntagnach[…]tag gegen 14.45 Uhr in der Gegend von Holßel im Kreis Wesermünde ereignete. Dort stießen an einer Straßenkreuzung zwei Personenkraftwagen zusammen. Zwei Personen mußten mit Verletzungen in die Krankenanstalten Nordholz eingeliefert werden. Ein mitfahrendes Ehepaar verstarb noch am Unfallort an den Folgen der schweren Verletzungen. Der eine der beteiligten Personenkraftwagen wurde total zertrümmert; am zweiten entstand Sachschaden in Höhe von annähernd 1[…] Mark.**

# Internationaler Schieß[…]

## Über den Autor Daniel Otero

Daniel Otero wurde am 19.12.1954 in Buenos Aires geboren und war der Gründer von Amnesty International Argentina.

Er arbeitet als freier Journalist, Buchautor, Drehbuchautor, Produzent von Dokumentarfilmen für US-amerikanische Sender, die in Kolumbien, Mexiko, Brasilien und USA ausgestrahlt wurden. Er schrieb Drehbücher für argentinische, chilenische und spanische TV-Sender.

Er veröffentlichte folgende Bücher auf Spanisch:

- El entorno. La trama intima del aparato duhaldista, (1997)
- Maten a Guiterrez, (1998)
- Crónicas de Posguerra, (2014)
- Un crimen del Estado Argentino, (2016)

2015 produzierte er den Dokumentarfilm „G. Un crimen oficial“. Das Projekt wurde von der Universität Quilmes in Argentinien gesponsert.

2016 erhielt er beim Internationalen Filmfestival in Mexiko den ersten Preis für den Dokumentarfilm „Un crimen oficial".

2017-2021 arbeitete er als verantwortlicher Journalist an einem fünfteiligen Dokumentarfilm, einer Serie über Colonia Dignidad, für den amerikanischen TV-Sender Amazon-Prime.